DIE GENFER SCHECKRECHTSABKOMMEN

DEUTSCHER TEXT MIT ERLÄUTERUNGEN AUS DEN MATERIALIEN

VON

DR. GUIDO STROBELE
MINISTERIALRAT IM BUNDESMINISTERIUM FÜR JUSTIZ, WIEN

WIEN
VERLAG VON JULIUS SPRINGER
1931

Erweiterter Sonderabdruck aus „Juristische Blätter“
Heft 11, 12, 13, 14, Jahrgang 1931

ISBN-13: 978-3-7091-9607-6 e-ISBN-13: 978-3-7091-9854-4
DOI: 10.1007/978-3-7091-9854-4

Vorwort

Die deutsche Übersetzung der Genfer Scheckrechtsabkommen, die dieser Buchausgabe vorangestellt wird, ist von den Mitgliedern der deutschen, schweizerischen und österreichischen Delegation hergestellt worden. Die ihr sich anschließenden Erläuterungen wollen zunächst einen kurzen, aber doch möglichst erschöpfenden Bericht über die Verhandlungen der 1931 in Genf zur Vereinheitlichung des Scheckrechts durchgeführten internationalen Konferenz geben. Weiters ist der vorliegende Bericht bestrebt, das Genfer Scheckrecht in seinen Beziehungen zu den Haager Scheckrechtsresolutionen von 1912 und zu dem von den Experten des Völkerbundes verfaßten Entwurfe darzustellen, welcher der Konferenz zur Grundlage diente. Endlich sollen die Unterschiede zwischen dem Genfer Recht und dem geltenden österreichischen sowie dem deutschen Scheckrecht aufgezeigt und damit den interessierten Kreisen ihre Stellungnahme zur Frage der Ratifikation der Genfer Abkommen sowie zur künftigen Gestaltung des nationalen österreichischen und deutschen Scheckgesetzes erleichtert werden.

Wien, im August 1931.

Der Verfasser.

Inhaltsverzeichnis

Deutsche Übersetzung der maßgebenden Bestimmungen der drei Genfer Scheckrechtsabkommen vom 19. März 1931

A.

a) Anlage I zum Abkommen über das einheitliche Scheckgesetz

Einheitliches Scheckgesetz

Erster Abschnitt

Ausstellung und Form des Schecks

Artikel 1

Der Scheck enthält:

1. die Bezeichnung als Scheck im Texte der Urkunde, und zwar in der Sprache, in der sie ausgestellt ist;
2. die unbedingte Anweisung, eine bestimmte Geldsumme zu zahlen;
3. den Namen dessen, der zahlen soll (Bezogener);
4. die Angabe des Zahlungsortes;
5. die Angabe des Tages und des Ortes der Ausstellung;
6. die Unterschrift des Ausstellers.

Artikel 2

Eine Urkunde, in der einer der im vorstehenden Artikel bezeichneten Bestandteile fehlt, gilt nicht als Scheck, vorbehaltlich der in den folgenden Absätzen bezeichneten Fälle.

Mangels einer besonderen Angabe gilt der bei dem Namen des Bezogenen angegebene Ort als Zahlungsort. Sind mehrere Orte bei dem Namen des Bezogenen angegeben, so ist der Scheck an dem an erster Stelle angegebenen Orte zahlbar.

Fehlt eine solche und jede andere Angabe, so ist der Scheck an dem Orte zahlbar, an dem der Bezogene seine Hauptniederlassung hat.

Ein Scheck ohne Angabe des Ausstellungsortes gilt als ausgestellt an dem Orte, der bei dem Namen des Ausstellers angegeben ist.

Artikel 3

Der Scheck darf nur auf einen Bankier gezogen werden, bei dem der Aussteller ein Guthaben hat und gemäß einer ausdrücklichen oder stillschweigenden Vereinbarung, wonach der Aussteller das Recht hat, über dieses Guthaben mittels Schecks zu verfügen. Die Gültigkeit der Urkunde als Scheck wird jedoch durch die Nichtbeachtung dieser Vorschriften nicht berührt.

Artikel 4

Der Scheck kann nicht angenommen werden. Ein auf den Scheck gesetzter Annahmevermerk gilt als nicht geschrieben.

Artikel 5

Der Scheck kann zahlbar gestellt werden:

an eine bestimmte Person, mit oder ohne den ausdrücklichen Vermerk „an Order";

an eine bestimmte Person, mit dem Vermerk „nicht an Order" oder mit einem gleichbedeutenden Vermerk;

an den Inhaber.

Ist im Scheck eine bestimmte Person mit dem Zusatz „oder Überbringer" oder mit einem gleichbedeutenden Vermerk als Zahlungsempfänger bezeichnet, so gilt der Scheck als auf den Inhaber gestellt.

Ein Scheck ohne Angabe des Nehmers gilt als zahlbar an den Inhaber.

Artikel 6

Der Scheck kann an die eigene Order des Ausstellers lauten.

Der Scheck kann für Rechnung eines Dritten gezogen werden.

Der Scheck kann nicht auf den Aussteller selbst gezogen werden, es sei denn, daß es sich um einen Scheck handelt, der von einer Niederlassung auf eine andere Niederlassung des Ausstellers gezogen wird.

Artikel 7

Ein in den Scheck aufgenommener Zinsvermerk gilt als nicht geschrieben.

Artikel 8

Der Scheck kann bei einem Dritten, am Wohnort des Bezogenen oder an einem anderen Orte, zahlbar gestellt werden, sofern der Dritte Bankier ist.

Artikel 9

Ist die Schecksumme in Buchstaben und in Ziffern angegeben, so gilt bei Abweichungen die in Buchstaben angegebene Summe.

Ist die Schecksumme mehrmals in Buchstaben oder mehrmals in Ziffern angegeben, so gilt bei Abweichungen die geringste Summe.

Artikel 10

Trägt ein Scheck Unterschriften von Personen, die eine Scheckverbindlichkeit nicht eingehen können, gefälschte Unterschriften, Unterschriften erdichteter Personen oder Unterschriften, die aus irgend einem anderen Grunde für die Personen, die unterschrieben haben, oder mit deren Namen unterschrieben worden ist, keine Verbindlichkeit begründen, so hat dies auf die Gültigkeit der übrigen Unterschriften keinen Einfluß.

Artikel 11

Wer auf einen Scheck seine Unterschrift als Vertreter eines anderen setzt, ohne hiezu ermächtigt zu sein, haftet selbst scheckmäßig und hat, wenn er den Scheck einlöst, dieselben Rechte, die der angeblich Vertretene haben würde. Das gleiche gilt von einem Vertreter, der seine Vertretungsbefugnis überschritten hat.

Artikel 12

Der Aussteller haftet für die Zahlung des Schecks. Jeder Vermerk, durch den er diese Haftung ausschließt, gilt als nicht geschrieben.

Artikel 13

Wenn ein Scheck, der bei der Begebung unvollständig war, den getroffenen Vereinbarungen zuwider ausgefüllt worden ist, so kann die Nichteinhaltung dieser Vereinbarungen dem Inhaber nicht entgegengesetzt werden, es sei denn, daß er den Scheck in bösem Glauben erworben hat oder ihm beim Erwerb eine grobe Fahrlässigkeit zur Last fällt.

Zweiter Abschnitt

Übertragung

Artikel 14

Der auf eine bestimmte Person zahlbar gestellte Scheck mit oder ohne den ausdrücklichen Vermerk „an Order" kann durch Indossament übertragen werden.

Der auf eine bestimmte Person zahlbar gestellte Scheck mit dem Vermerk „nicht an Order" oder mit einem gleichbedeutenden Vermerk kann nur in der Form und mit den Wirkungen einer gewöhnlichen Abtretung übertragen werden.

Das Indossament kann auch auf den Aussteller oder jeden anderen Scheckverpflichteten lauten. Diese Personen können den Scheck weiter indossieren.

Artikel 15

Das Indossament muß unbedingt sein. Bedingungen, von denen es abhängig gemacht wird, gelten als nicht geschrieben.

Ein Teilindossament ist nichtig.

Ebenso ist ein Indossament des Bezogenen nichtig.

Ein Indossament an den Inhaber gilt als Blankoindossament.

Das Indossament an den Bezogenen gilt nur als Quittung, es sei denn, daß der Bezogene mehrere Niederlassungen hat und das Indossament auf eine andere Niederlassung lautet als diejenige, auf die der Scheck gezogen worden ist.

Artikel 16

Das Indossament muß auf den Scheck oder ein mit dem Scheck verbundenes Blatt (Anhang) gesetzt werden. Es muß von dem Indossanten unterschrieben werden.

Das Indossament braucht den Indossatar nicht zu bezeichnen und kann selbst in der bloßen Unterschrift des Indossanten bestehen (Blankoindossament). In diesem letzteren Falle muß das Indossament, um gültig zu sein, auf die Rückseite des Schecks oder auf den Anhang gesetzt werden.

Artikel 17

Das Indossament überträgt alle Rechte aus dem Scheck.

Ist es ein Blankoindossament, so kann der Inhaber

1. das Indossament mit seinem Namen oder mit dem Namen eines anderen ausfüllen;

2. den Scheck durch ein Blankoindossament oder an eine bestimmte Person weiter indossieren;

3. den Scheck weiterbegeben, ohne das Blankoindossament auszufüllen und ohne ihn zu indossieren.

Artikel 18

Der Indossant haftet mangels eines entgegenstehenden Vermerks für die Zahlung.

Er kann untersagen, daß der Scheck weiter indossiert wird; in diesem Falle haftet er denen nicht, an die der Scheck weiter indossiert wird.

Artikel 19

Wer den Scheck in Händen hat, gilt als rechtmäßiger Inhaber, sofern er sein Recht durch eine ununterbrochene Reihe von Indossamenten nachweist, und zwar auch dann, wenn das letzte ein Blankoindossament ist. Ausgestrichene Indossamente gelten hiebei als nicht geschrieben. Folgt auf ein Blankoindossament ein weiteres Indossament, so wird angenommen, daß der Aussteller dieses Indossaments den Scheck durch das Blankoindossament erworben hat.

Artikel 20

Ein Indossament auf einem Inhaberscheck macht den Indossanten nach den Vorschriften über den Rückgriff haftbar, ohne aber die Urkunde in einen Orderscheck umzuwandeln.

Artikel 21

Ist der Scheck einem früheren Inhaber irgendwie abhanden gekommen, so ist der Inhaber, in dessen Hände der Scheck gelangt ist — sei es, daß es sich um einen Inhaberscheck handelt, sei es, daß es sich um einen durch Indossament übertragbaren Scheck handelt und der Inhaber sein Recht gemäß Artikel 19 nachweist, — zur Herausgabe des Schecks nur verpflichtet, wenn er ihn in bösem Glauben erworben hat oder ihm beim Erwerb eine grobe Fahrlässigkeit zur Last fällt.

Artikel 22

Wer aus dem Scheck in Anspruch genommen wird, kann dem Inhaber keine Einwendungen entgegensetzen, die sich auf seine unmittelbaren Beziehungen zu dem Aussteller oder zu einem früheren Inhaber gründen, es sei denn, daß der Inhaber beim Erwerb des Schecks bewußt zum Nachteil des Schuldners gehandelt hat.

Artikel 23

Enthält das Indossament den Vermerk „Wert zur Einziehung“, „zum Inkasso“, „in Prokura“ oder einen anderen nur eine Bevollmächtigung ausdrückenden Vermerk, so kann der Inhaber alle Rechte aus dem Scheck geltend machen; aber er kann ihn nur durch ein weiteres Vollmachtsindossament übertragen.

Die Scheckverpflichteten können in diesem Falle dem Inhaber nur solche Einwendungen entgegensetzen, die ihnen gegen den Indossanten zustehen.

Die in dem Vollmachtsindossament enthaltene Vollmacht erlischt weder mit dem Tode noch mit dem Eintritt der Handlungsunfähigkeit des Vollmachtgebers.

Artikel 24

Ein Indossament, das nach Erhebung des Protests oder nach Vornahme einer gleichbedeutenden Feststellung oder nach Ablauf der Vorlegungsfrist auf den Scheck gesetzt wird, hat nur die Wirkungen einer gewöhnlichen Abtretung.

Bis zum Beweis des Gegenteils wird vermutet, daß ein nicht datiertes Indossament vor Erhebung des Protests oder vor der Vornahme einer gleichbedeutenden Feststellung oder vor Ablauf der Vorlegungsfrist auf den Scheck gesetzt worden ist.

Dritter Abschnitt

Scheckbürgschaft

Artikel 25

Die Zahlung der Schecksumme kann ganz oder teilweise durch Scheckbürgschaft gesichert werden.

Diese Sicherheit kann von einem Dritten, mit Ausnahme des Bezogenen, oder auch von einer Person geleistet werden, deren Unterschrift sich schon auf dem Scheck befindet.

Artikel 26

Die Bürgschaftserklärung wird auf den Scheck oder auf einen Anhang gesetzt.

Sie wird durch die Worte „als Bürge" oder einen gleichbedeutenden Vermerk ausgedrückt; sie ist von dem Scheckbürgen zu unterschreiben.

Die bloße Unterschrift auf der Vorderseite des Schecks gilt als Bürgschaftserklärung, soweit es sich nicht um die Unterschrift des Ausstellers handelt.

In der Erklärung ist anzugeben, für wen die Bürgschaft geleistet wird; mangels einer solchen Angabe gilt sie für den Aussteller.

Artikel 27

Der Scheckbürge haftet in der gleichen Weise wie derjenige, für den er sich verbürgt hat.

Seine Verpflichtungserklärung ist auch gültig, wenn die Verbindlichkeit, für die er sich verbürgt hat, aus einem anderen Grunde als wegen eines Formfehlers nichtig ist.

Der Scheckbürge, der den Scheck bezahlt, erwirbt die Rechte aus dem Scheck gegen denjenigen, für den er sich verbürgt hat, und gegen alle, die diesem scheckmäßig haften.

Vierter Abschnitt

Vorlegung und Zahlung

Artikel 28

Der Scheck ist bei Sicht zahlbar. Jede gegenteilige Angabe gilt als nicht geschrieben.

Ein Scheck, der vor Eintritt des auf ihm angegebenen Ausstellungstages zur Zahlung vorgelegt wird, ist am Tage der Vorlegung zahlbar.

Artikel 29

Ein Scheck, der in dem Lande der Ausstellung zahlbahr ist, muß binnen acht Tagen zur Zahlung vorgelegt werden.

Ein Scheck, der in einem anderen Lande als dem der Ausstellung zahlbar ist, muß binnen zwanzig Tagen vorgelegt werden, wenn Ausstellungsort und Zahlungsort sich in demselben Erdteile befinden, und binnen siebzig Tagen, wenn Ausstellungsort und Zahlungsort sich in verschiedenen Erdteilen befinden.

Hiebei gelten die in einem Lande Europas ausgestellten und in einem an das Mittelmeer grenzenden Lande zahlbaren Schecks, ebenso wie die in einem an das Mittelmeer grenzenden Lande ausgestellten und in einem Lande Europas zahlbaren Schecks als Schecks, die in demselben Erdteile ausgestellt und zahlbar sind.

Die vorstehend erwähnten Fristen beginnen an dem Tage zu laufen, der in dem Scheck als Ausstellungstag angegeben ist.

Artikel 30

Ist ein Scheck auf einen Ort gezogen, dessen Kalender von dem des Ausstellungsortes abweicht, so wird der Tag der Ausstellung in den nach dem Kalender des Zahlungsortes entsprechenden Tag umgerechnet.

Artikel 31

Die Einlieferung in eine Abrechnungsstelle steht der Vorlegung zur Zahlung gleich.

Artikel 32

Ein Widerruf des Schecks ist erst nach Ablauf der Vorlegungsfrist wirksam.

Wenn der Scheck nicht widerrufen ist, kann der Bezogene auch nach Ablauf der Vorlegungsfrist Zahlung leisten.

Artikel 33

Auf die Wirksamkeit des Schecks ist es ohne Einfluß, wenn der Aussteller nach der Begebung des Schecks stirbt oder handlungsunfähig wird.

Artikel 34

Der Bezogene kann vom Inhaber gegen Zahlung die Aushändigung des quittierten Schecks verlangen.

Der Inhaber darf eine Teilzahlung nicht zurückweisen.

Im Falle der Teilzahlung kann der Bezogene verlangen, daß sie auf dem Scheck vermerkt und ihm eine Quittung erteilt wird.

Artikel 35

Der Bezogene, der einen durch Indossament übertragbaren Scheck einlöst, ist verpflichtet, die Ordnungsmäßigkeit der Reihe der Indossamente, aber nicht die Unterschriften der Indossanten zu prüfen.

Artikel 36

Lautet der Scheck auf eine Währung, die am Zahlungsorte nicht gilt, so kann die Schecksumme in der Landeswährung nach dem Werte gezahlt werden, den sie am Tage der Vorlegung besitzt. Wenn die Zahlung bei Vorlegung nicht erfolgt ist, so kann der Inhaber wählen, ob die Schecksumme nach dem Kurs des Vorlegungstages oder nach dem Kurs des Zahlungstages in die Landeswährung umgerechnet werden soll.

Der Wert der fremden Währung bestimmt sich nach den Handelsgebräuchen des Zahlungsortes. Der Aussteller kann jedoch im Scheck für die zu zahlende Summe einen Umrechnungskurs bestimmen.

Die Vorschriften der beiden ersten Absätze finden keine Anwendung, wenn der Aussteller die Zahlung in einer bestimmten Währung vorgeschrieben hat (Effektivvermerk).

Lautet der Scheck auf eine Geldsorte, die im Lande der Ausstellung dieselbe Bezeichnung, aber einen anderen Wert hat als in dem der Zahlung, so wird vermutet, daß die Geldsorte des Zahlungsortes gemeint ist.

Fünfter Abschnitt

Gekreuzter Scheck und Verrechnungsscheck

Artikel 37

Der Aussteller sowie jeder Inhaber können den Scheck mit den im Artikel 38 vorgesehenen Wirkungen kreuzen.

Die Kreuzung erfolgt durch zwei gleichlaufende Striche auf der Vorderseite des Schecks. Die Kreuzung kann allgemein oder besonders sein.

Die Kreuzung ist allgemein, wenn zwischen den beiden Strichen keine Angabe oder die Bezeichnung „Bankier“ oder ein gleichbedeutender Vermerk steht; sie ist eine besondere, wenn der Name eines Bankiers zwischen die beiden Striche gesetzt ist.

Die allgemeine Kreuzung kann in eine besondere, nicht aber die besondere Kreuzung in eine allgemeine umgewandelt werden.

Die Streichung der Kreuzung oder des Namens des bezeichneten Bankiers gilt als nicht erfolgt.

Artikel 38

Ein allgemein gekreuzter Scheck darf vom Bezogenen nur an einen Bankier oder an einen Kunden des Bezogenen bezahlt werden.

Ein besonders gekreuzter Scheck darf vom Bezogenen nur an den bezeichneten Bankier oder, wenn dieser selbst der Bezogene ist, an dessen Kunden bezahlt werden. Immerhin kann der bezeichnete Bankier einen anderen Bankier mit der Einziehung des Schecks betrauen.

Ein Bankier darf einen gekreuzten Scheck nur von einem seiner Kunden oder von einem anderen Bankier erwerben. Auch darf er ihn nicht für Rechnung anderer als der vorgenannten Personen einziehen.

Befinden sich auf einem Scheck mehrere besondere Kreuzungen, so darf der Scheck vom Bezogenen nur dann bezahlt werden, wenn nicht mehr als zwei Kreuzungen vorliegen und die eine zum Zwecke der Einziehung durch Einlieferung in eine Abrechnungsstelle erfolgt ist.

Der Bezogene oder der Bankier, der den vorstehenden Vorschriften zuwiderhandelt, haftet für den entstandenen Schaden, jedoch nur bis zur Höhe der Schecksumme.

Artikel 39

Der Aussteller sowie jeder Inhaber eines Schecks kann durch den quer über die Vorderseite gesetzten Vermerk „nur zur Verrechnung" oder durch einen gleichbedeutenden Vermerk untersagen, daß der Scheck bar bezahlt wird.

Der Bezogene darf in diesem Falle den Scheck nur im Wege der Gutschrift einlösen (Verrechnung, Überweisung, Ausgleichung). Die Gutschrift gilt als Zahlung.

Die Streichung des Vermerkes „nur zur Verrechnung" gilt als nicht erfolgt.

Der Bezogene, der den vorstehenden Vorschriften zuwiderhandelt, haftet für den entstandenen Schaden, jedoch nur bis zur Höhe der Schecksumme.

Sechster Abschnitt

Rückgriff mangels Zahlung

Artikel 40

Der Inhaber kann gegen die Indossanten, den Aussteller und die anderen Scheckverpflichteten Rückgriff nehmen, wenn der rechtzeitig vorgelegte Scheck nicht eingelöst und die Verweigerung der Zahlung festgestellt worden ist:

1. durch eine öffentliche Urkunde (Protest) oder
2. durch eine schriftliche, datierte Erklärung des Bezogenen auf dem Scheck, die den Tag der Vorlegung angibt, oder
3. durch eine datierte Erklärung einer Abrechnungsstelle, daß der Scheck rechtzeitig eingeliefert und nicht bezahlt worden ist.

Artikel 41

Der Protest oder die gleichbedeutende Feststellung muß vor Ablauf der Vorlegungsfrist vorgenommen werden.

Ist die Vorlegung am letzten Tage der Frist erfolgt, so kann der Protest oder die gleichbedeutende Feststellung auch noch an dem folgenden Werktage vorgenommen werden.

Artikel 42

Der Inhaber muß seinen unmittelbaren Vormann und den Aussteller von dem Unterbleiben der Zahlung innerhalb der vier Werktage benachrichtigen, die auf den Tag der Protesterhebung oder der Vornahme der gleichbedeutenden Feststellung oder, im Falle des Vermerks „ohne Kosten", auf den Tag der Vorlegung folgen. Jeder Indossant muß innerhalb zweier Werktage nach Empfang der Nachricht seinem unmittelbaren Vormanne von der Nachricht, die er erhalten hat, Kenntnis geben und ihm die Namen und Adressen derjenigen mitteilen, die vorher Nachricht gegeben haben, und so weiter in der Reihenfolge bis zum Aussteller. Die Fristen laufen vom Empfang der vorhergehenden Nachricht.

Wird nach Maßgabe des vorhergehenden Absatzes einer Person, deren Unterschrift sich auf dem Scheck befindet, Nachricht gegeben, so muß die gleiche Nachricht in derselben Frist ihrem Scheckbürgen gegeben werden.

Hat ein Indossant seine Adresse nicht oder in unleserlicher Form angegeben, so genügt es, daß sein unmittelbarer Vormann benachrichtigt wird.

Die Nachricht kann in jeder Form gegeben werden, auch durch die bloße Rücksendung des Schecks.

Der zur Benachrichtigung Verpflichtete hat zu beweisen, daß er in der vorgeschriebenen Frist benachrichtigt hat. Die Frist gilt als eingehalten, wenn ein Schreiben, das die Benachrichtigung enthält, innerhalb der Frist zur Post gegeben worden ist.

Wer die rechtzeitige Benachrichtigung versäumt, verliert nicht den Rückgriff; er haftet für den etwa durch seine Nachlässigkeit entstandenen Schaden, jedoch nur bis zur Höhe der Schecksumme.

Artikel 43

Der Aussteller sowie jeder Indossant oder Scheckbürge kann durch den Vermerk „ohne Kosten", „ohne Protest" oder einen gleichbedeutenden auf den Scheck gesetzten und unterzeichneten Vermerk den Inhaber von der Verpflichtung befreien, zum Zwecke der Ausübung des Rückgriffs Protest erheben oder eine gleichbedeutende Feststellung vornehmen zu lassen.

Der Vermerk befreit den Inhaber nicht von der Verpflichtung, den Scheck rechtzeitig vorzulegen und die erforderlichen Nachrichten zu geben. Der Beweis, daß die Frist nicht eingehalten worden ist, liegt demjenigen ob, der sich dem Inhaber gegenüber darauf beruft.

Ist der Vermerk vom Aussteller beigefügt, so wirkt er gegenüber allen Scheckverpflichteten; ist er von einem Indossanten oder einem Scheckbürgen beigefügt, so wirkt er nur diesen gegenüber. Läßt der Inhaber ungeachtet des vom Aussteller beigefügten Vermerks Protest erheben oder eine gleichbedeutende Feststellung vornehmen, so fallen ihm die Kosten zur Last. Ist der Vermerk von einem Indossanten oder einem Scheckbürgen beigefügt, so sind alle Scheckverpflichteten zum Ersatz der Kosten eines dennoch erhobenen Protestes oder einer gleichbedeutenden Feststellung verpflichtet.

Artikel 44

Alle Scheckverpflichteten haften dem Inhaber als Gesamtschuldner.

Der Inhaber kann jeden einzeln oder mehrere oder alle zusammen in Anspruch nehmen, ohne an die Reihenfolge gebunden zu sein, in der sie sich verpflichtet haben.

Das gleiche Recht steht jedem Scheckverpflichteten zu, der den Scheck eingelöst hat.

Durch die Geltendmachung des Anspruchs gegen einen Scheckverpflichteten verliert der Inhaber nicht seine Rechte gegen die anderen Scheckverpflichteten, auch nicht gegen die Nachmänner desjenigen, der zuerst in Anspruch genommen worden ist.

Artikel 45

Der Inhaber kann im Wege des Rückgriffs verlangen:

1. die Schecksumme, soweit der Scheck nicht eingelöst worden ist;
2. Zinsen zu sechs vom Hundert seit dem Tage der Vorlegung;
3. die Kosten des Protestes oder der gleichbedeutenden Feststellung und der Nachrichten sowie die anderen Auslagen.

Artikel 46

Wer den Scheck eingelöst hat, kann von seinen Vormännern verlangen:

1. den vollen Betrag, den er gezahlt hat;

2. die Zinsen dieses Betrags zu sechs vom Hundert seit dem Tage der Einlösung;

3. seine Auslagen.

Artikel 47

Jeder Scheckverpflichtete, gegen den Rückgriff genommen wird oder genommen werden kann, ist berechtigt, zu verlangen, daß ihm gegen Entrichtung der Rückgriffssumme der Scheck mit dem Protest oder der gleichbedeutenden Feststellung und eine quittierte Rechnung ausgehändigt werden.

Jeder Indossant, der den Scheck eingelöst hat, kann sein Indossament und die Indossamente seiner Nachmänner ausstreichen.

Artikel 48

Steht der rechtzeitigen Vorlegung des Schecks oder der rechtzeitigen Erhebung des Protestes oder der Vornahme einer gleichbedeutenden Feststellung ein unüberwindliches Hindernis entgegen (gesetzliche Vorschrift eines Staates oder ein anderer Fall höherer Gewalt), so werden die für diese Handlungen bestimmten Fristen verlängert.

Der Inhaber ist verpflichtet, seinen unmittelbaren Vormann von dem Falle der höheren Gewalt unverzüglich zu benachrichtigen und die Benachrichtigung unter Beifügung des Tages und Ortes sowie seiner Unterschrift auf dem Scheck oder einem Anhang zu vermerken; im übrigen finden die Vorschriften des Artikels 42 Anwendung.

Fällt die höhere Gewalt weg, so muß der Inhaber den Scheck unverzüglich zur Zahlung vorlegen und gegebenenfalls Protest erheben oder eine gleichbedeutende Feststellung vornehmen lassen.

Dauert die höhere Gewalt länger als fünfzehn Tage seit dem Tage, an dem der Inhaber, selbst vor Ablauf der Vorlegungsfrist, seinen Vormann von dem Falle der höheren Gewalt benachrichtigt hat, so kann Rückgriff genommen werden, ohne daß es der Vorlegung oder der Protesterhebung oder einer gleichbedeutenden Feststellung bedarf.

Tatsachen, die rein persönlich den Inhaber oder denjenigen betreffen, den er mit der Vorlegung des Schecks oder mit der Erhebung des Protestes oder mit der Herbeiführung einer gleichbedeutenden Feststellung beauftragt hat, gelten nicht als Fälle höherer Gewalt.

Siebenter Abschnitt

Ausfertigung mehrerer Stücke eines Schecks

Artikel 49

Schecks, die nicht auf den Inhaber gestellt sind und in einem anderen Lande als dem der Ausstellung oder in einem überseeischen Gebiete des Landes der Ausstellung zahlbar sind, und umgekehrt, oder in dem überseeischen Gebiete eines Landes ausgestellt und zahlbar sind, oder in dem überseeischen Gebiete eines Landes ausgestellt und in einem anderen überseeischen Gebiete desselben Landes zahlbar sind, können in mehreren gleichen Ausfertigungen ausgestellt werden. Diese Ausfertigungen müssen im Texte der Urkunde mit fortlaufenden Nummern versehen sein; andernfalls gilt jede Ausfertigung als besonderer Scheck.

Artikel 50

Wird eine Ausfertigung bezahlt, so erlöschen die Rechte aus allen Ausfertigungen, auch wenn diese nicht den Vermerk tragen, daß durch die Zahlung auf eine Ausfertigung die anderen ihre Gültigkeit verlieren.

Hat ein Indossant die Ausfertigungen an verschiedene Personen übertragen, so haften er und seine Nachmänner aus allen Ausfertigungen, die ihre Unterschrift tragen und nicht herausgegeben worden sind.

Achter Abschnitt

Änderungen

Artikel 51

Wird der Text eines Schecks geändert, so haften diejenigen, die ihre Unterschrift nach der Änderung auf den Scheck gesetzt haben, entsprechend dem geänderten Text; wer früher unterschrieben hat, haftet nach dem ursprünglichen Text.

Neunter Abschnitt

Verjährung

Artikel 52

Die Rückgriffsansprüche des Inhabers gegen die Indossanten, den Aussteller und die anderen Scheckverpflichteten verjähren in sechs Monaten vom Ablauf der Vorlegungsfrist.

Die Rückgriffsansprüche eines Verpflichteten gegen einen anderen Scheckverpflichteten verjähren in sechs Monaten von dem Tage, an dem der Scheck von dem Verpflichteten eingelöst oder ihm gegenüber gerichtlich geltend gemacht worden ist.

Artikel 53

Die Unterbrechung der Verjährung wirkt nur gegen den Scheckverpflichteten, in Ansehung dessen die Tatsache eingetreten ist, welche die Unterbrechung bewirkt.

Zehnter Abschnitt

Allgemeine Vorschriften

Artikel 54

In diesem Gesetz sind unter der Bezeichnung „Bankier" auch diejenigen Personen und Einrichtungen zu verstehen, die kraft Gesetzes den Bankiers gleichgestellt sind.

Artikel 55

Die Vorlegung und der Protest eines Schecks können nur an einem Werktage stattfinden.

Fällt der letzte Tag einer Frist, innerhalb derer eine auf den Scheck bezügliche Handlung, insbesondere die Vorlegung, der Protest oder eine gleichbedeutende Feststellung vorgenommen werden muß, auf einen gesetzlichen Feiertag, so wird die Frist bis zum nächsten Werktag verlängert. Feiertage, die in den Lauf einer Frist fallen, werden bei der Berechnung der Frist mitgezählt.

Artikel 56

Bei der Berechnung der in diesem Gesetz vorgesehenen Fristen wird der Tag, an dem sie zu laufen beginnen, nicht mitgezählt.

Artikel 57

Weder gesetzliche noch richterliche Respekttage werden anerkannt.

b) Anlage II zum Abkommen über das einheitliche Scheckgesetz

Artikel 1

Jeder der Hohen Vertragschließenden Teile kann anordnen, daß die Vorschrift des Artikels 1, Ziffer 1, des Einheitlichen Scheckgesetzes, wonach ein in seinem Gebiet ausgestellter Scheck die Bezeichnung als „Scheck" enthalten muß, ferner die Vorschrift der Ziffer 5 des erwähnten Artikels, wonach im Scheck der Zahlungsort anzugeben ist, in seinem Gebiet erst sechs Monate nach Inkrafttreten dieses Abkommens Anwendung finden.

Artikel 2

Jeder der Hohen Vertragschließenden Teile kann für die in seinem Gebiet eingegangenen Scheckverpflichtungen bestimmen, in welcher Weise die Unterschrift selbst ersetzt werden kann, vorausgesetzt, daß der Wille dessen, der die Unterschrift leisten sollte, durch eine auf den Scheck gesetzte Erklärung gehörig beglaubigt wird.

Artikel 3

Abweichend vom Artikel 2, Absatz 3, des Einheitlichen Scheckgesetzes kann jeder der Hohen Vertragschließenden Teile vorschreiben, daß ein Scheck ohne Angabe des Zahlungsortes als am Ausstellungsorte zahlbar gilt.

Artikel 4

Jeder der Hohen Vertragschließenden Teile kann anordnen, daß die in seinem Gebiet ausgestellten und zahlbaren Schecks als Schecks ungültig sind, wenn sie nicht auf Bankiers oder auf Personen oder Einrichtungen gezogen sind, die kraft Gesetzes den Bankiers gleichgestellt sind.

Desgleichen behält sich jeder der Hohen Vertragschließenden Teile vor, den Bestimmungen des Artikels 3 des Einheitlichen Scheckgesetzes bei deren Einführung in sein Landesrecht die Fassung zu geben, die ihm nach dem Umfang, in dem er von der Bestimmung des vorstehenden Absatzes Gebrauch machen will, am besten geeignet erscheint.

Artikel 5

Jeder der Hohen Vertragschließenden Teile behält sich vor, den Zeitpunkt zu bestimmen, in dem der Aussteller ein verfügbares Guthaben beim Bezogenen haben muß.

Artikel 6

Jeder der Hohen Vertragschließenden Teile kann zulassen, daß der Bezogene den Scheck zertifiziert, bestätigt oder mit einem Visum oder mit einer anderen gleichbedeutenden Erklärung versieht, vorausgesetzt, daß dieser Erklärung nicht die Bedeutung einer Annahme zukommt, und die Rechtswirkungen solcher Vermerke regeln.

Artikel 7

Jeder der Hohen Vertragschließenden Teile behält sich vor, abweichend von den Artikeln 5 und 14 des Einheitlichen Scheckgesetzes vorzuschreiben, daß die in seinem Gebiete ausgestellten und zahlbaren Schecks, die mit dem Vermerk „nicht übertragbar" versehen sind, nur an den Inhaber bezahlt werden dürfen, der sie mit diesem Vermerk erhalten hat.

Artikel 8

Jeder der Hohen Vertragschließenden Teile behält sich vor, zu bestimmen, ob außer dem in Artikel 6 des Einheitlichen Scheckgesetzes bezeichneten Falle ein Scheck auf den Aussteller selbst gezogen werden darf.

Artikel 9

Abweichend vom Artikel 6 des Einheitlichen Scheckgesetzes behält sich jeder der Hohen Vertragschließenden Teile vor, die Ausstellung eines auf den Aussteller selbst gezogenen Schecks — mag er solche Schecks allgemein (Artikel 8 dieser Anlage) oder auch nur dann zulassen, wenn sie von einer Niederlassung auf eine andere Niederlassung des Ausstellers gezogen werden (Artikel 6 des Einheitlichen Scheckgesetzes) — zu untersagen, falls derartige Schecks auf den Inhaber lauten.

Artikel 10

Abweichend vom Artikel 8 des Einheitlichen Scheckgesetzes behält sich jeder der Hohen Vertragschließenden Teile vor, zuzulassen, daß ein Scheck bei einem Dritten zahlbar gestellt wird, der nicht Bankier ist.

Artikel 11

Jeder der Hohen Vertragschließenden Teile behält sich vor, Artikel 13 des Einheitlichen Scheckgesetzes nicht in sein Landesrecht einzuführen.

Artikel 12

Jeder der Hohen Vertragschließenden Teile behält sich vor, Artikel 21 des Einheitlichen Scheckgesetzes nicht anzuwenden, soweit er sich auf den Inhaberscheck bezieht.

Artikel 13

Abweichend vom Artikel 26 des Einheitlichen Scheckgesetzes kann jeder der Hohen Vertragschließenden Teile zulassen, daß in seinem Gebiet eine Scheckbürgschaft durch eine besondere Urkunde geleistet werden kann, in welcher der Ort der Errichtung bezeichnet ist.

Artikel 14

Jeder der Hohen Vertragschließenden Teile behält sich vor, die im Artikel 29, Absatz 1, des Einheitlichen Scheckgesetzes vorgesehene Frist zu verlängern und die Vorlegungsfristen für die unter seiner Souveränität oder Hoheit stehenden Gebiete festzusetzen.

Jeder der Hohen Vertragschließenden Teile behält sich vor, abweichend vom Artikel 29, Absatz 2, des Einheitlichen Scheckgesetzes, die darin vorgesehenen Fristen für Schecks zu verlängern, die nicht im gleichen Erdteile zahlbar sind, in dem sie ausgestellt wurden; dasselbe gilt für Schecks, die in verschiedenen Ländern eines anderen Erdteils als Europa ausgestellt und zahlbar sind.

Jeder der Hohen Vertragschließenden Teile kann sich mit einem oder mehreren der anderen Hohen Vertragschließenden Teile dahin verständigen, daß für die von dem Gebiete des einen auf das Gebiet des oder der anderen Hohen Vertragschließenden Teile gezogenen Schecks die im Artikel 29, Absatz 2, des Einheitlichen Scheckgesetzes vorgesehenen Fristen abgeändert werden.

Artikel 15

Jeder der Hohen Vertragschließenden Teile kann die Einrichtungen bestimmen, die im Sinne des Artikels 31 des Einheitlichen Scheckgesetzes nach Landesrecht als Abrechnungsstellen anzusehen sind.

Artikel 16

Abweichend vom Artikel 32 des Einheitlichen Scheckgesetzes behält sich jeder der Hohen Vertragschließenden Teile für die auf seinem Gebiete zahlbaren Schecks vor:

a) zuzulassen, daß der Scheck schon vor Ablauf der Vorlegungsfrist widerrufen wird;

b) zu verbieten, daß der Scheck selbst nach Ablauf der Vorlegungsfrist widerrufen wird.

Außerdem kann jeder der Hohen Vertragschließenden Teile die Maßnahmen bestimmen, die im Falle des Verlustes oder des Diebstahls eines Schecks zu treffen sind, und ihre Rechtswirkungen regeln.

Artikel 17

Jeder der Hohen Vertragschließenden Teile kann über die Wirkungen des im Artikel 36 des Einheitlichen Scheckgesetzes vorgesehenen Effektivvermerkes für die auf seinem Gebiet zahlbaren Schecks etwas anderes bestimmen, falls er dies bei Vorliegen außergewöhnlicher, den Kurs seiner Währung berührender Umstände für erforderlich hält. Gleiches gilt für die in seinem Gebiet in fremder Währung ausgestellten Schecks.

Artikel 18

Abweichend von den Artikeln 37, 38 und 39 des Einheitlichen Scheckgesetzes behält sich jeder der Hohen Vertragschließenden Teile vor, in seinem Landesrecht nur den gekreuzten Scheck oder nur den Verrechnungsscheck zuzulassen. Die im Ausland ausgestellten gekreuzten Schecks, beziehungsweise Verrechnungsschecks, müssen jedoch in dem Gebiet des Hohen Vertragschließenden Teiles, der von diesem Vorbehalte Gebrauch macht, als Verrechnungsschecks, beziehungsweise als gekreuzte Schecks, behandelt werden.

Desgleichen kann jeder der Hohen Vertragschließenden Teile den Wortlaut des Vermerkes festsetzen, der nach seinem Landesrecht den Scheck als Verrechnungsscheck kennzeichnet.

Artikel 19

Die Frage, ob der Inhaber des Schecks besondere Rechte auf die Deckung hat und welches die Folgen dieser Rechte sind, wird durch das Einheitliche Scheckgesetz nicht berührt.

Gleiches gilt für jede andere Frage, welche die Rechtsbeziehungen betrifft, die der Ausstellung des Schecks zugrunde liegen.

Artikel 20

Jeder der Hohen Vertragschließenden Teile behält sich vor, die Ausübung des Rückgriffsrechts gegen den Aussteller nicht davon abhängig zu machen, daß der Scheck rechtzeitig vorgelegt, protestiert oder eine gleichbedeutende Feststellung vorgenommen wird, und die Wirkungen eines solchen Rückgriffes zu regeln.

Artikel 21

Jeder der Hohen Vertragschließenden Teile behält sich vor, für die auf seinem Gebiet zahlbaren Schecks vorzuschreiben, daß die in den Artikeln 40 und 41 des Einheitlichen Scheckgesetzes für die Erhaltung des Rückgriffsrechts vorgesehene Feststellung der Zahlungsverweigerung in jedem Falle durch einen Protest, unter Ausschluß gleichbedeutender Feststellungen, erfolgen muß.

Jeder der Hohen Vertragschließenden Teile kann auch vorschreiben, daß die im Artikel 40, Ziffer 2 und 3, des Einheitlichen Scheckgesetzes vorgesehenen Erklärungen innerhalb der Protestfrist in ein öffentliches Register einzutragen sind.

Artikel 22

Abweichend vom Artikel 42 des Einheitlichen Scheckgesetzes kann jeder der Hohen Vertragschließenden Teile das System der Benachrichtigung durch den Protestbeamten beibehalten oder einführen, wonach der Notar oder der nach Landesrecht für die Protesterhebung zuständige Beamte verpflichtet ist, von der Erhebung des Protestes schriftlich die Scheckverpflichteten zu benachrichtigen, deren Adressen im Scheck angegeben oder dem Protestbeamten bekannt oder von seinen Auftraggebern mitgeteilt worden sind. Die Kosten der Benachrichtigung sind den Protestkosten zuzuschlagen.

Artikel 23

Jeder der Hohen Vertragschließenden Teile kann für Schecks, die in seinem Gebiete sowohl ausgestellt als auch zahlbar sind, vorschreiben, daß an Stelle des im Artikel 48, Ziffer 2, und Artikel 49, Ziffer 2, des Einheitlichen Scheckgesetzes bestimmten Zinsfußes der im Gebiet des Hohen Vertragschließenden Teils geltende Zinsfuß tritt.

Artikel 24

Abweichend vom Artikel 45 des Einheitlichen Scheckgesetzes behält sich jeder der Hohen Vertragschließenden Teile vor, eine Bestimmung in sein Landesrecht einzuführen, wonach der Inhaber im Falle des Rückgriffs eine Provision verlangen darf, deren Höhe die Landesgesetzgebung bestimmt.

Ein gleicher Anspruch kann, abweichend vom Artikel 46 des Einheitlichen Scheckgesetzes, für denjenigen vorgesehen werden, der den Scheck eingelöst hat und gegen seine Vormänner Rückgriff nimmt.

Artikel 25

Jeder der Hohen Vertragschließenden Teile kann bestimmen, daß in seinem Gebiet in den Fällen des Rückgriffsverlustes oder der Verjährung ein

Anspruch gegen den Aussteller, der keine Deckung geleistet hat, oder gegen den Aussteller oder Indossanten, der sich ungerechtfertigt bereichern würde, bestehen bleibt.

Artikel 26

Der Gesetzgebung jedes der Hohen Vertragschließenden Teile bleibt es überlassen, die Gründe für die Unterbrechung und die Hemmung der Verjährung der von seinen Gerichten zu beurteilenden scheckmäßigen Ansprüche zu bestimmen.

Die andern Hohen Vertragschließenden Teile können die Bedingungen festsetzen, unter denen sie solche Gründe anerkennen. Gleiches gilt von der Wirkung, die der gerichtlichen Geltendmachung des Schecks für den Beginn der im Artikel 52, Absatz 2, des Einheitlichen Scheckgesetzes vorgesehenen Verjährungsfrist zukommt.

Artikel 27

Jeder der Hohen Vertragschließenden Teile kann vorschreiben, daß für die Vorlegungsfrist und für alle anderen auf den Scheck bezüglichen Handlungen bestimmte Werktage den gesetzlichen Feiertagen gleichgestellt werden.

Artikel 28

Jeder der Hohen Vertragschließenden Teile kann Ausnahmevorschriften allgemeiner Art über einen Zahlungsaufschub für Schecks und über die Fristen erlassen, innerhalb derer die zur Erhaltung der Rückgriffsrechte erforderlichen Handlungen vorzunehmen sind.

Artikel 29

Der Gesetzgebung jedes der Hohen Vertragschließenden Teile bleibt es überlassen, für die Anwendung des Einheitlichen Scheckgesetzes zu bestimmen, wer Bankier ist und welche Personen oder Einrichtungen im Hinblick auf die Art ihrer Tätigkeit den Bankiers gleichzustellen sind.

Artikel 30

Jeder der Hohen Vertragschließenden Teile behält sich vor, die Anwendbarkeit des Einheitlichen Scheckgesetzes ganz oder teilweise für Postschecks sowie für die besonderen Schecks der Notenbanken, öffentlichen Kassen und öffentlichen Kreditinstitute auszuschließen, soweit diese Urkunden besonderen Vorschriften unterliegen.

Artikel 31

Jeder der Hohen Vertragschließenden Teile verpflichtet sich, die von anderen Hohen Vertragschließenden Teilen auf Grund der Artikel 1 bis 13, 14, Absatz 1 und 2, Artikel 15, 16, 18 bis 25, 27, 29 und 30 dieser Anlage getroffenen Vorschriften anzuerkennen.

B.

Aus dem Abkommen über Bestimmungen auf dem Gebiete des internationalen Scheckprivatrechts

Artikel 1

Die Hohen Vertragschließenden Teile verpflichten sich gegenseitig, zur Lösung der in den folgenden Artikeln bezeichneten Fragen des internationalen Scheckprivatrechts die in diesen Artikeln enthaltenen Bestimmungen anzuwenden.

Artikel 2

Die Fähigkeit einer Person, eine Scheckverbindlichkeit einzugehen, bestimmt sich nach dem Recht des Landes, dem sie angehört. Erklärt dieses Recht das Recht eines anderen Landes für maßgebend, so ist das letztere Recht anzuwenden.

Wer nach dem im vorstehenden Absatz bezeichneten Recht eine Scheckverbindlichkeit nicht eingehen kann, wird gleichwohl gültig verpflichtet, wenn die Unterschrift in dem Gebiet eines Landes abgegeben worden ist, nach dessen Recht er scheckfähig wäre.

Jeder der Hohen Vertragschließenden Teile kann die von einem seiner Angehörigen eingegangene Scheckverpflichtung als nichtig behandeln, wenn sie in dem Gebiet des anderen Hohen Vertragschließenden Teiles nur in Anwendung des vorstehenden Absatzes als gültig angesehen wird.

Artikel 3

Das Recht des Landes, in dem der Scheck zahlbar ist, bestimmt die Personen, auf die ein Scheck gezogen werden kann.

Ist nach diesem Recht der Scheck im Hinblick auf die Person des Bezogenen nichtig, so sind gleichwohl die Verpflichtungen aus Unterschriften gültig, die in Ländern auf den Scheck gesetzt worden sind, deren Recht die Nichtigkeit aus einem solchen Grunde nicht vorsieht.

Artikel 4

Die Form einer Scheckerklärung bestimmt sich nach dem Recht des Landes, in dessen Gebiete die Erklärung unterschrieben worden ist. Es genügt jedoch die Beobachtung der Form, die das Recht des Zahlungsortes vorschreibt.

Wenn eine Scheckerklärung, die nach den Vorschriften des vorstehenden Absatzes ungültig ist, dem Recht des Landes entspricht, in dessen Gebiet eine spätere Scheckerklärung unterschrieben worden ist, so wird durch Mängel in der Form der ersten Scheckerklärung die Gültigkeit der späteren Scheckerklärung nicht berührt.

Jeder der Hohen Vertragschließenden Teile kann vorschreiben, daß eine Scheckerklärung, die einer seiner Staatsangehörigen im Ausland abgegeben hat, auf seinem Gebiet gegenüber anderen seiner Staatsangehörigen gültig ist, wenn die Erklärung den Formerfordernissen seines Rechtes genügt

Artikel 5

Die Wirkungen der Scheckerklärungen bestimmen sich nach dem Recht des Landes, in dessen Gebiete die Erklärungen unterschrieben worden sind.

Artikel 6

Die Fristen für die Ausübung der Rückgriffsrechte werden für alle Scheckverpflichteten durch das Recht des Ortes bestimmt, an dem der Scheck ausgestellt worden ist.

Artikel 7

Das Recht des Landes, in dessen Gebiete der Scheck zahlbar ist, bestimmt:

1. ob der Scheck notwendigerweise bei Sicht zahlbar ist oder ob er auf eine bestimmte Zeit nach Sicht gezogen werden kann und welches die Wirkungen sind, wenn auf dem Scheck ein späterer als der wirkliche Ausstellungstag angegeben ist;
2. die Vorlegungsfrist;
3. ob ein Scheck angenommen, zertifiziert, bestätigt oder mit einem Visum versehen werden kann, und welches die Wirkungen dieser Vermerke sind;
4. ob der Inhaber eine Teilzahlung verlangen kann, und ob er eine solche annehmen muß;
5. ob ein Scheck gekreuzt oder mit dem Vermerk „nur zur Verrechnung" oder mit einem gleichbedeutenden Vermerk versehen werden kann, und welches die Wirkungen der Kreuzung oder des Verrechnungsvermerkes oder eines gleichbedeutenden Vermerks sind;
6. ob der Inhaber besondere Rechte auf die Deckung hat, und welches der Inhalt dieser Rechte ist;
7. ob der Aussteller den Scheck widerrufen oder gegen die Einlösung des Schecks Widerspruch erheben kann;
8. die Maßnahmen, die im Falle des Verlustes oder des Diebstahls des Schecks zu ergreifen sind;
9. ob ein Protest oder eine gleichbedeutende Feststellung zur Erhaltung des Rückgriffs gegen die Indossanten, den Aussteller und die anderen Scheckverpflichteten notwendig ist.

Artikel 8

Die Form des Protestes und die Fristen für die Protesterhebung sowie die Form der übrigen Handlungen, die zur Ausübung oder Erhaltung der Scheckrechte erforderlich sind, bestimmen sich nach dem Recht des Landes, in dessen Gebiete der Protest zu erheben oder die Handlung vorzunehmen ist.

Artikel 9

Jeder der Hohen Vertragschließenden Teile behält sich vor, die nach diesem Abkommen maßgebenden Bestimmungen des internationalen Privatrechts nicht zur Anwendung zu bringen, soweit es sich handelt:

1. um eine außerhalb des Gebiets der Hohen Vertragschließenden Teile eingegangene Scheckverpflichtung;

2. um ein nach diesen Bestimmungen anzuwendendes Recht, das nicht das Recht eines der Hohen Vertragschließenden Teile ist.

Artikel 10

Die Bestimmungen dieses Abkommens finden in den Gebieten der Hohen Vertragschließenden Teile keine Anwendung auf Schecks, die im Zeitpunkt des Inkrafttretens dieses Abkommens schon ausgestellt waren.

C.

Aus dem Abkommen über das Verhältnis der Stempelgesetze zum Scheckrecht

Artikel 1

Die Hohen Vertragschließenden Teile verpflichten sich, ihre Gesetze, falls diese nicht bereits eine solche Bestimmung enthalten, dahin abzuändern, daß die Gültigkeit von Scheckverpflichtungen oder die Geltendmachung der sich aus Schecks ergebenden Ansprüche nicht von der Beobachtung einer Stempelvorschrift abhängig gemacht werden.

Doch können sie das Recht zur Geltendmachung dieser Ansprüche bis zur Zahlung der vorgeschriebenen Stempelbeträge oder verwirkter Geldstrafen aufschieben. Ebenso können sie vorschreiben, daß die Eigenschaft und die Wirkungen einer unmittelbar vollstreckbaren Urkunde, die nach ihrer Gesetzgebung dem Scheck etwa zukommen, davon abhängig sind, daß der Stempelbetrag gemäß den Vorschriften ihrer Gesetze schon bei der Ausstellung der Urkunde gehörig entrichtet worden ist.

Manzsche Buchdruckerei, Wien IX

Allgemeiner Teil.

Die in den Jahren 1910 und 1912 von der niederländischen Regierung nach dem Haag einberufenen internationalen Konferenzen hatten, soweit ihnen die Vereinheitlichung des Wechselrechtes zum Ziel gesetzt worden war, mit einem vollen Erfolg geendet. Das von der Konferenz beschlossene Abkommen über ein einheitliches Wechselrecht wurde am 23. Juli 1912 von 27 europäischen und außereuropäischen Staaten unterzeichnet.

Die Konferenz von 1912 hat sich auch mit der Frage der Vereinheitlichung des Scheckrechtes befaßt. Wenn es auch nicht zum Abschluß eines Übereinkommens kam, so wurde doch auch in dieser Richtung sehr wertvolle Arbeit geleistet. Auf Grund des vom Schweizer Delegierten Carlin und dem österreichischen Delegierten, damaligen Min. Rat Dr. Felix Meyer erstatteten Generalberichtes wurde in der Form von Resolutionen der Entwurf eines einheitlichen Scheckgesetzes beschlossen, der einer neuen Konferenz als Verhandlungsgrundlage zu dienen bestimmt war.

Die Arbeiten zur Ratifikation des Abkommens über die einheitliche Wechselordnung waren im vollen Gange — in Deutschland, Österreich und in der Schweiz standen sie vor dem Abschluß —, als der Krieg ausbrach und diesen Bemühungen ein jähes Ende setzte.

Der internationalen Handelskammer gebührt das Verdienst, nach Kriegsende als erste den Versuch „zur Rettung des Haager Werkes" unternommen zu haben; diese Bemühungen wurden dann vom Völkerbunde fortgesetzt[1]) und führten schließlich im Jahre 1928 zur Einberufung einer internationalen Konferenz zum Zwecke der Vereinheitlichung des Wechsel- und Scheckrechtes.

Die Hoffnungen, die man auf diese Konferenz setzte, waren — auch außerhalb Österreichs — nicht gerade hoch gespannt. Man fürchtete, daß „die Genfer Atmosphäre dem

1) Vgl. die sehr ausführliche kritische Würdigung dieser Arbeiten durch Hupka „Das Haager Wechselrechtsübereinkommen und der Völkerbund" in der „Zeitschrift für ausländisches und internationales Privatrecht", IV. Jahrgang, Seite 205 ff.

Haager Werke nicht günstig sei“ (s. H u p k a, a. a. O. S. 237). Tatsächlich hatte der Wirtschaftsausschuß des Völkerbundes wenig Zweifel darüber gelassen, daß er die Methode der Vereinheitlichung, die im Haager Abkommen vorgesehen war, kaum mehr für anwendbar halte. Durch die Ratifikation des Haager Übereinkommens hatten sich die vertragschließenden Staaten verpflichtet, die dem Abkommen als Beilage angeschlossene einheitliche Wechselordnung, soweit nicht Vorbehalte vorgesehen waren, unverändert in ihr Landesrecht einzuführen. Die vom Wirtschaftsausschuß des Völkerbundes seinem Einladungsschreiben angeschlossenen vorbereitenden Dokumente bezeichneten zwar das Haager System der loi uniforme als die ideale Lösung, propagierten aber an erster Stelle die Schaffung einer loi modèle, eines bloßen M u s t e r - g e s e t z e s: Die Vertragsstaaten wären demnach lediglich gehalten, das Mustergesetz ihren Parlamenten vorzulegen, in deren Belieben es sodann gestanden wäre, die ihnen gutscheinenden Änderungen an dem Mustergesetz vorzunehmen. Daß damit der Gedanke der Rechtsvereinheitlichung so gut wie aufgegeben worden wäre, hat schon F r a n z K l e i n in seinem Gutachten vom Jahre 1923[2]) mit aller Schärfe ausgesprochen. Als realer Erfolg der Konferenz wäre bei Befolgung dieser Methode bestenfalls ein Abkommen über einige Grundsätze des internationalen Wechselprivatrechtes und über die Unabhängigkeit der Gültigkeit der Wechselverpflichtungen von der Beobachtung der Stempelvorschriften übrig geblieben. Auf d i e s e s Abkommen hat auch tatsächlich der Fachmännerausschuß des Völkerbundes das Hauptgewicht gelegt. Wahrhaftig ein ungemein dürftiger Ersatz für das stolze Werk vom Haag!

Der Verlauf der Konferenz hat allerdings gezeigt, daß es durchaus nicht „Zerstörungstendenzen“ gegen das Haager Werk waren, die den Wirtschaftsausschuß des Völkerbundes und seine Experten geleitet hatten, sondern daß sie, in allzu vorsichtiger Beurteilung der Aussichten für eine volle Vereinheitlichung nach Haager Muster, den gewiß wohlgemeinten Versuch gemacht hatten, wenigstens das zu erreichen, was erreichbar schien.

Glücklicherweise hat das Ergebnis der Konferenz bewiesen, daß dieser Pessimismus nicht am Platze war. Die Einsicht in die großen materiellen und ideellen Vorteile eines einheitlichen Rechtes und der ehrliche Verständigungswille,

---

[2]) Vgl. Völkerbund-Dokument C. 487, M. 203; 1923, II, S. 137; auch veröffentlicht im ersten Bande: Franz K l e i n, Reden, Vorträge, Aufsätze, Briefe. Manz, 1927.

der alle Delegationen der bei der Genfer Konferenz vertretenen Regierungen — und gewiß nicht zuletzt die Delegierten Frankreichs und Italiens — beseelte, waren stark genug, um das Haager Werk zu retten. In 35 Vollsitzungen hat die Konferenz, in der Zeit vom 13. Mai bis 7. Juni 1930, den ersten, der Vereinheitlichung des Wechselrechtes gewidmeten Abschnitt ihrer Arbeiten vollendet.

Die Verhandlungen dieser ersten Session der Konferenz führten zum Abschluß dreier Abkommen: Das erste betrifft das einheitliche Wechselgesetz, das — mit geringen Abweichungen, die vielleicht als Verbesserungen gewertet werden dürfen —, dem Haager Rechte entspricht; das zweite Abkommen trifft eine ziemlich eingehende Regelung des internationalen Wechselprivatrechtes (Gesetzeskonflikte), während das dritte lediglich den Grundsatz festlegt, daß die Gültigkeit von Wechselverpflichtungen und die Ausübung der Wechselrechte von der Beobachtung der Stempelvorschriften unabhängig sind.

Die zwei ersten Abkommen wurden von 22 Staaten sofort unterzeichnet: mehrere Staaten, u. a. Ungarn, Jugoslawien und Japan holten die Unterzeichnung in offener Frist nach. Das dritte Übereinkommen ist auch vom Vertreter Englands unterzeichnet worden.[3])

Auf dem Programm der Genfer Konferenz stand, wie schon erwähnt, auch die Vereinheitlichung des Scheckrechtes; mit den wesentlichen Ergebnissen dieser Verhandlungen wollen die folgenden Ausführungen bekanntmachen.

I. Der Völkerbund hatte den im Jahre 1927 zur Prüfung der Möglichkeit einer Vereinheitlichung des Wechselrechtes eingesetzten achtgliedrigen Expertenausschuß (Vorsitzender der bekannte Pariser Handelsrechtler Professor Percerou) auch

---

[3]) Eine ausgezeichnete, besonders den deutschen Rechtskreis berücksichtigende Darstellung der von der Konferenz auf dem Gebiete der Vereinheitlichung des Wechselrechtes geleisteten Arbeit hat der Führer der deutschen Delegation, Ministerialrat Quassowski in seinem Aufsatze „Die Genfer Abkommen über die Vereinheitlichung des Wechselrechtes" in der „Zeitschrift für ausländisches und internationales Privatrecht", IV. Jahrgang, Seite 770—792, gegeben. — Einen ebenfalls sehr instruktiven Bericht aus der Feder des Direktors Dr. Sokal, der als Mitglied der österreichischen Delegation an den Beratungen teilnahm, enthält der Aufsatz „Die Genfer Wechselrechtskonferenz" im Jahrgang 1930, Nr. 9/10, der „Mitteilungen des Verbandes österreichischer Banken und Bankiers", Seite 229 und 260. — Ferner enthält die 2. Aufl. des vierten Heftes der Tabellen zum internationalen Recht von Magnus eine von Quassowski und Ullmann verfaßte Darstellung des Genfer Abkommens.

mit der Aufgabe betraut, die Frage der Unifizierung des Scheckrechtes zu studieren. Dieser Ausschuß, der im Laufe der Jahre 1927 und 1928 dreimal in Genf zusammentrat, hat den Entwurf eines einheitlichen Scheckgesetzes, ferner eines Abkommens über einige Grundsätze des Internationalen Scheckprivatrechtes ausgearbeitet. Beide Entwürfe gehen im wesentlichen auf die Haager Resolutionen von 1912 zurück, weisen aber gegenüber ihrem Vorbilde einige nicht unwichtige Änderungen auf: So sollte der nicht auf einen Bankier gezogene Scheck als Scheck nichtig sein; desgleichen ein Scheck, der anders als auf Sicht zahlbar gestellt wurde; der Grundsatz der Unwiderruflichkeit des Schecks während der Präsentationsfrist wurde nicht aufrecht erhalten, dafür aber den Vertragsstaaten Maßnahmen zivil- und strafrechtlicher Natur freigestellt, um den Widerruf zu verhindern; der Verrechnungsscheck, den die Haager Resolution neben dem gekreuzten Scheck zugelassen hatte, fand im Entwurfe des Mustergesetzes keine Aufnahme mehr.

Hinsichtlich der Methode der Vereinheitlichung schlugen die Experten den gleichen Weg vor, wie für das Wechselrecht. Durch die Ratifikation des zu treffenden Abkommens sollten die Vertragsstaaten lediglich die Verpflichtung übernehmen, das Mustergesetz ihren gesetzgebenden Körperschaften vorzulegen, denen es anheimgestellt geblieben wäre, die ihnen zweckmäßig scheinenden Änderungen vorzunehmen. Bei solcher Lösung wäre also auch auf dem Gebiete des Scheckrechtes das Schwergewicht auf das Abkommen über die Regelung der Gesetzkonflikte gefallen.

Der Vorbericht der Experten unterließ es nicht, auf die besonderen Schwierigkeiten hinzuweisen, die seines Erachtens der Vereinheitlichung des Scheckrechts entgegenstanden. Nicht nur daß dem Scheck als einer verhältnismäßig noch jungen Einrichtung die praktische und juristische Durchbildung fehle, welche dem Wechsel in so hohem Maße eignet, bestünden selbst innerhalb der kontinentalen Rechte grundsätzlich verschiedene Auffassungen über die Natur des Schecks: Nach der einen ist der Scheck nichts als eine Spielart des Wechsels, eine nicht-akzeptable Tratte, so daß die Haftung des Ausstellers nur unter den Voraussetzungen des Regresses in Anspruch genommen werden kann; nach der andern Auffassung, die der französischen Rechtsgruppe eigentümlich ist, geht das Guthaben mit der Ausstellung des Schecks auf den Inhaber über; dieser hat gegen den Bezogenen, soweit Deckung vorhanden ist, ein direktes Klagerecht; eine weitere Folge dieser

Konstruktion ist, daß der Aussteller eines ungedeckten Schecks dem Inhaber auch dann haftet, wenn dieser den Scheck nicht rechtzeitig präsentierte oder aber den Protest unterließ.

Waren schon die Hoffnungen gering, die man auf das Gelingen der Konferenz setzte, soweit ihr als Ziel die Vereinheitlichung des Wechselrechtes gesteckt war, so waren die Erwartungen noch viel tiefer geschraubt, die man anfänglich an die Arbeiten der Konferenz knüpfte, welche der Unifizierung des Scheckrechtes dienen sollten.

Diese Einstellung gelangte auch darin zum Ausdruck, daß die meisten Staaten sich zu dem vom Völkerbunde im Jahre 1928 als Verhandlungsgrundlage versendeten Expertenentwurf überhaupt nicht näher äußerten, während andere offen erklärten, daß sie die Zeit für eine Vereinheitlichung des Scheckrechtes noch nicht für reif erachten.

Die vom Völkerbunde einberufene Konferenz hat sich in ihrer ersten Session (Mai, Juni 1930) mit dem Scheckrecht nicht mehr befassen können. Sie beschränkte sich lediglich darauf, zur Vorbereitung ihrer künftigen, dieser Aufgabe gewidmeten Tagung einen aus 21 Punkten bestehenden Fragebogen auszuarbeiten, zu dessen Beantwortung den Regierungen eine Frist bis 15. Oktober 1930 eingeräumt wurde.[4])

Die Stellungnahme der österreichischen Regierung wird, soweit erforderlich, bei Besprechung der einzelnen Bestimmungen des einheitlichen Scheckgesetzes darzulegen sein. Die österreichische Antwortnote fußt auf den Ergebnissen der Enquete, die in der Wiener Handelskammer als Geschäftsführerin des Kammertages der österreichischen Handelskammern unter dem Vorsitze des Vizepräsidenten Direktors Dr. Paul Hammerschlag am 19. September 1930 stattfand; dieser Besprechung wurden Vertreter der österreichischen Nationalbank, des Postsparkassenamtes, des Verbandes der österreichischen Banken und Bankiers, des Hauptverbandes der Industrie Österreichs, des Hauptverbandes der österreichischen Kaufmannschaft, des n.-ö. Gewerbevereines und der Wiener Rechtsanwaltskammer beigezogen. Außer diesen Stellen und den beteiligten Ministerien hat das Justizministerium noch dem Delegiertentag der österreichischen Notariatskammern und der Richtervereinigung freigestellt, sich zu dem Fragebogen zu äußern.

Der Erfolg, den die Genfer Konferenz auf dem Gebiete der Vereinheitlichung des Wechselrechtes erzielte, erklärt zur Genüge den Umschwung, der alsbald in der Beurteilung der

---

[4]) Vgl. P. 5 des Acte final, Völkerbund-Dokument C. 346, M. 142; 1930, II, S. 30.

Aussichten für das Zustandekommen eines einheitlichen Scheckrechtes eintrat. Das Sekretariat des Völkerbundes konnte in der Einleitung zu der von ihm besorgten systematischen Bearbeitung der auf dem Fragebogen eingelangten Antworten[5][6]) feststellen, daß der Gesamteindruck der eingelaufenen Äußerungen außerordentlich günstig war und die Hoffnung durchaus begründet sei, es werde die Konferenz ihr Ziel ohne besondere Schwierigkeiten erreichen.

Der Erfolg, der auch der zweiten Session der Konferenz beschieden war, hat diese Prognose als richtig erwiesen.

II. Die Scheckrechtskonferenz ist von 30 Staaten beschickt worden; es nahmen daran teil die Vertreter von 25 europäischen Ländern — gefehlt haben nur Albanien, Bulgarien, Estland, Litauen und die Sowjetrepubliken —; ferner Japan, Mexiko, Ecuador, Peru und Venezuela[7]). Die Vereinigten Staaten hatten Beobachter entsendet; der Internationalen Handelskammer, dem Internationalen Institut für die Vereinheitlichung des Privatrechtes in Rom und dem Wirtschaftsausschuß des Völkerbundes ist beratende Stimme eingeräumt worden.

Die Leitung der Konferenz lag in den bewährten Händen des niederländischen Staatsrates Universitätsprofessors Dr. Limburg, der schon während der ersten Tagung der Konferenz im Jahre 1930 sehr objektiv, sachkundig und zielbewußt den Vorsitz geführt hatte. Zum Vorsitzenden des Redaktionskomitees wurde der Unterstaatssekretär im Auswärtigen Amte in Rom und Führer der italienischen Delegation Giannini gewählt, der ebenso wie die übrigen Mitglieder, Staatsminister Dr. Ekeberg, schwedischer Delegierter, Prof. Percerou, Führer der französischen, MR. Quassowski, Führer der deutschen und Prof. Sulkowski, Führer der polnischen Delegation bei der Wechselrechtskonferenz die gleiche Funktion versehen hatte. Mit der Verfassung des Generalberichtes wurden Percerou und Ekeberg betraut.

---

[5]) Vgl. Völkerbund-Dokument C. 628, M. 249; 1930, II. Die verspätet eingelangten Antwortschreiben der Regierungen Brasiliens, Frankreichs und Portugals konnten in diesem Dokument nicht mehr berücksichtigt werden. Das spätere Dokument C. I. L. 61, 1931, II, hat auch die Äußerung der französischen Regierung einbezogen.

[6]) Eine sehr eingehende Darstellung der Ergebnisse dieser Rundfrage bietet der Artikel Sokals „Vereinheitlichung des Scheckrechtes“ im Jahrgang 1931, Nr. 1/2 der „Mitteilungen des Verbandes österreichischer Banken und Bankiers“, Seite 9 bis 23.

[7]) Bei der Genfer Wechselrechtskonferenz fehlte Mexiko, dafür waren Brasilien, Columbien und Siam vertreten.

Es dürfte schließlich des Interesses nicht entbehren, daß unter den mehr als 70 Delegierten sich 14 Universitätsprofessoren und 13 Bankfachleute befanden.

Die Konferenz erledigte ihre Aufgabe in der Zeit vom 23. Februar bis 19. März 1931, in 36 Vollsitzungen und zahlreichen Sitzungen des Redaktionskomitees.

Es bedarf wohl keiner Begründung dafür, daß die Gliederung des durch die internationale Regelung zu erfassenden Rechtsstoffes in gleicher Weise vorgenommen wurde, wie es die Konferenz in ihrer ersten Session für das Gebiet des Wechselrechtes getan hatte. Es wurden also zur Vereinheitlichung des Scheckrechtes ebenfalls drei Verträge abgeschlossen; der erste verpflichtet die Vertragsstaaten zur Einführung des ihm als Anhang I angeschlossenen einheitlichen Scheckgesetzes (Convention portant loi uniforme sur les chèques), das zweite Abkommen (Convention destinée à régler certains conflits de lois en matière de chèques) trifft Bestimmungen über das internationale Scheckprivatrecht, das dritte (Convention relative au droit de timbre en matière de chèques) erklärt die Scheckverpflichtungen als unabhängig von der Einhaltung der den Scheck betreffenden Stempelgesetze. Die Trennung der drei Materien hat den Vorteil, daß die Staaten, die nicht in der Lage sind, das einheitliche Scheckgesetz zu übernehmen, doch wenigstens Vertragsteile der übrigen Abkommen werden können.

Die zwei ersten Verträge wurden von Deutschland, Österreich, Belgien, Dänemark, Danzig, Ecuador, Spanien, Finnland, Frankreich, Italien, Luxemburg, Mexiko, Monaco, Norwegen, den Niederlanden, Polen, Schweden, Tschechoslowakei und der Türkei sofort unterzeichnet, die Vertreter Japans, Jugoslawiens und der Schweiz stellten die Unterzeichnung in nahe Aussicht; desgleichen ist mit der Unterzeichnung durch Ungarn, Griechenland und Rumänien sicher zu rechnen. Der dritte Vertrag ist — wie das analoge Abkommen auf dem Gebiete des Wechselrechtes — auch von dem Vertreter Großbritanniens unterzeichnet worden.

Die von der Konferenz beschlossene Methode der Vereinheitlichung ist ebenfalls die gleiche, wie sie bei der Unifizierung des Wechselrechtes angewendet wurde, also im wesentlichen die Haager Methode. Durch die Ratifizierung des ersten Übereinkommens werden die Vertragsstaaten verpflichtet, das einheitliche Scheckgesetz, soweit ihnen die im Anhange II des Abkommens vorgesehenen Vorbehalte nicht das Recht abweichender Regelung wahren, unverändert in ihr nationales Recht einzuführen.

Bis zum 15. Juli 1931 können die Abkommen auch namens der Staaten, die auf der Konferenz nicht vertreten waren, unterzeichnet werden; vom genannten Tage ab können diese Staaten durch Beitritt Vertragspartner werden.

Die Ratifikationsurkunden sollen vor dem 1. September 1933 (für die Wechselrechtsabkommen läuft die Frist bis 1. September 1932) beim Generalsekretär des Völkerbundes hinterlegt werden; sollten die Staaten, die den Vertrag unterzeichnet haben, diese Frist nicht einhalten können, so trifft sie zufolge des Schlußprotokolles die Pflicht, dem Generalsekretär des Völkerbundes mitzuteilen, in welcher Lage sie sich hinsichtlich der Ratifikation befinden.

Zur Bestimmung des Zeitpunktes, in dem die Konventionen in Kraft treten, ist ein Vorgang gewählt worden, der bei den Völkerbundsverträgen wiederholt und insbesondere auch hinsichtlich der Genfer Wechselrechtsabkommen eingehalten wurde: die Abkommen werden erst wirksam, wenn der Vertragsgemeinschaft mindestens 7 Staaten — sei es durch Ratifikation oder durch Beitritt — angehören; überdies müssen drei dieser Staaten ständig im Völkerbundrate vertreten sein; eine gewiß zweckmäßige Methode, welche die Staaten davor schützt, ihr Landesrecht ohne jegliche Gewähr dafür preiszugeben, daß sie die Vorteile einer praktisch überhaupt fühlbaren Rechtsvereinheitlichung eintauschen.

Sollten bis 1. November 1933 (für die Wechselrechtsabkommen endet die Frist 1 Jahr früher) die früher geschilderten Voraussetzungen für das Inkrafttreten der Konventionen nicht erfüllt sein, so hat der Generalsekretär des Völkerbundes eine Konferenz einzuberufen, die sich mit den allenfalls zu treffenden Abhilfemaßnahmen zu beschäftigen haben wird.

Auch in der Kündigungsfrage verfolgte die Konferenz den Vorgang, den sie für die Wechselrechtsabkommen gewählt hatte. Normalerweise kann die Kündigung nicht vor Ablauf von 2 Jahren seit dem Zeitpunkte erklärt werden, in dem das Abkommen für den kündigenden Staat in Kraft getreten ist; die Kündigung wird nach Ablauf von weiteren 90 Tagen, gerechnet vom Einlangen der Kündigungserklärung beim Generalsekretär des Völkerbundes und nur in Ansehung des kündigenden Staates wirksam. Im Falle dringenden Bedürfnisses (cas d'urgence) jedoch kann das Abkommen betreffend das einheitliche Scheckgesetz jederzeit — durch unmittelbar an die übrigen Vertragsstaaten zu richtende Erklärung — gekündigt werden; die Wirkungen der Kündigung treten 2 Tage nach Empfang dieser Erklärung durch die einzelnen Staaten ein.

Es wäre durchaus verfehlt, dieser Ausnahmsvorschrift über die Kündigung im Falle dringenden Bedürfnisses und dem weiteren Umstande, daß es völlig im Belieben jedes Vertragsstaates steht, ob er die Voraussetzungen für diese Art der Kündigung als gegeben erachtet, die Bedeutung beizumessen, daß dadurch der Wert des Vereinheitlichungswerkes ein mehr oder minder problematischer geworden sei. Man muß eher dafür dankbar sein, daß diese Kompromißformel gefunden wurde, die das grundsätzliche Festhalten an dem Haager System der Vereinheitlichung überhaupt ermöglichte. Es ist heute wohl müßig, den wahren Ursachen der Widerstände nachzugehen, die sich gegen die Haager Methode der völkerrechtlichen Bindung geltend gemacht haben. Denn diese Widerstände waren nun einmal da und konnten recht wohl durch den Hinweis darauf begründet werden, es könne einem Parlamente nicht zugemutet werden, sich seiner Gesetzgebungsbefugnis selbst für den Bereich rein nationaler Rechtsbeziehungen durch Übernahme mehrjähriger Bindung zu begeben. Man vergesse nicht, daß das im Haag vorgeschlagene und durch die Genfer Kompromißformel gerettete System tatsächlich einen ersten und nicht geringen Schritt auf dem Wege zum Weltverkehrsrecht, jedenfalls aber daß es weit mehr bedeutet als alles andere, was bisher in dieser Richtung unternommen worden ist. Die internationalen Bindungen, die auf privatrechtlichen Gebieten eingegangen wurden, betreffen nämlich entweder durchlaufende Relationen, Rechtsbeziehungen also, die von einem Lande in das andere hinüberspielen, wie z. B. die Regelung des internationalen Eisenbahnfracht-, Personen- und Gepäcksverkehrs, das Warschauer Übereinkommen vom 12. Oktober 1929 über den internationalen Lufttransport. Oder sie begnügten sich damit, Rechtsverhältnissen inländischen Ursprungs im Auslande einen bestimmten Mindestschutz zu sichern, wie etwa die internationalen Abkommen auf dem Gebiete des gewerblichen Eigentums, des Urheberrechtes u. a. m. Das im Haag für das Wechselrecht inaugurierte und in Genf auch für das Scheckrecht durchgeführte System bedeutet aber eine völkerrechtliche Bindung zu einer bestimmten Gestaltung des nationalen Rechtes auch für Rechtsbeziehungen, die mit dem Auslande keinerlei Berührung haben, die, im Inlande entstanden, nur dort Wirkungen zu äußern und ihren Abschluß zu finden bestimmt sind.

Daß eine gesetzgebende Körperschaft davor zurückscheuen

kann, die Gestaltung rein interner Rechtsbeziehungen völlig aus der Hand zu geben, ist gewiß verständlich; ebenso daß ihr der Verzicht auf ihre Prärogative wesentlich erleichtert wird, wenn die übernommene Bindung jederzeit lösbar ist. Daß dies die einzige Funktion der Ausnahmsbestimmungen über die Kündigung im Falle dringenden Bedürfnisses bleiben werde, ist für den, der die Enstehungsgeschichte dieser Kompromißformel kennt, eine durchaus berechtigte Hoffnung. Sie wird übrigens auch in der Einleitung der beiden Generalberichte zu den Konventionen über die Einführung eines einheitlichen Wechselgesetzes und eines einheitlichen Scheckgesetzes mit aller Deutlichkeit ausgesprochen, was umso bedeutungsvoller ist, als diese Stellen der Berichte Professor Percerou, den Vertreter des Landes, zum Verfasser haben, in dem sich die Widerstände gegen das Haager System hauptsächlich geltend gemacht hatten.

Wie schon das Haager Abkommen und die Genfer Wechselrechtskonventionen, sehen auch die Scheckrechtsübereinkommen die Möglichkeit einer Revision vor; die Initiative steht jedem Vertragspartner zu. Voraussetzung ist jedenfalls, daß das zu revidierende Abkommen mindestens 4 Jahre in Kraft gestanden ist.

Die Vertragsstaaten haben sich den Wortlaut der Gesetze, die sie zur Durchführung der Abkommen erlassen haben, mitzuteilen. Will diese Vorschrift die gegenseitige Prüfung erleichtern, ob die durch das Abkommen übernommenen Verpflichtungen von den einzelnen Staaten auch restlos erfüllt wurden, so soll die in den Acte final (P. III) — analog einem auf Antrag Österreichs von der Genfer Wechselrechtskonferenz ausgesprochenen Wunsche — aufgenommene Empfehlung zur gegenseitigen Mitteilung der wichtigsten, auf dem Gebiete des Scheckrechtes erflossenen gerichtlichen Entscheidungen die Vertragsstaaten mit der Auslegung bekanntmachen, welche die Bestimmungen des einheitlichen Scheckgesetzes in den einzelnen Staaten erfahren werden. Zu gleichem Ende wurde durch P. V des Acte final der Völkerbundrat auf die Zweckmäßigkeit einer vom Generalsekretär des Völkerbundes zu veranstaltenden Sammlung der oberstgerichtlichen Entscheidungen auf wechsel- und scheckrechtlichem Gebiete aufmerksam gemacht.

Im Acte final hat die Konferenz ferner den Wunsch ausgesprochen, es möge von den gleichsprachigen Staaten für eine einheitliche Übersetzung der loi uniforme Sorge getragen werden. Diesem und dem auf der Wechselrechtskonferenz geäußerten gleichgerichteten Wunsche ist von Seite

Deutschlands, Österreichs und der Schweiz dadurch entsprochen worden, daß die Delegierten dieser Länder nach Abschluß der Scheckrechtskonferenz in gemeinsamer Arbeit deutsche Übersetzungen sämtlicher Genfer Wechsel- und Scheckrechtsabkommen hergestellt haben.

Zur Beleuchtung des Kräfteverhältnisses der einzelnen auf der Konferenz vertretenen Rechtsgruppen sei erwähnt, daß die österreichisch-deutsche Rechtsgruppe durch die Tschechoslowakei, wo das österreichische Scheckgesetz noch in Geltung steht, eine Verstärkung erfuhr. Auch das neue jugoslawische Scheckgesetz,[8] erlassen mit königlichem Dekret vom 29. November 1928, hat, obwohl es sich zum Teil an die Haager Resolutionen anlehnt, seine wichtigsten Bestimmungen dem österreichischen Scheckgesetz entnommen; so die Vorschriften über die Guthabenklausel, desgleichen die Bestimmung, daß ein nicht auf einen Bankier gezogener Scheck als solcher ungültig ist, die Vorschriften über die Unübertragbarkeit des Namensschecks, über das unbedingte Annahmeverbot und die Rechtsfolgen seiner Verletzung, über den Widerruf, weiters die Vorschriften über den Verrechnungsscheck, über den Einfluß des Todes, der Geschäftsunfähigkeit und des Konkurses des Ausstellers auf die Auszahlung des Schecks, ferner die Bestimmungen über die Möglichkeit des Zurückgreifens auf das der Ausstellung oder Begebung des Schecks zugrundeliegende Rechtsgeschäft.

Einen geschlossenen Block bildeten die nordischen Staaten, d. i. Schweden, Norwegen, Dänemark und Finnland. Der Stellungnahme Italiens, dessen Scheckrecht nicht stark von unserem abweicht, schlossen sich in der Regel Spanien und Portugal an.

Italien, die Schweiz und Rumänien befanden sich zur Zeit der Konferenz im Stadium der Reform ihres Scheckrechtes, Arbeiten, die jedoch kaum fortgesetzt werden dürften, da diese Staaten das Genfer Abkommen zu ratifizieren beabsichtigen.

Polen hat seit 14. November 1924 ein neues Scheckgesetz,[9]) das sich in der Hauptsache die Haager Beschlüsse zum Vorbild nahm, wenn es davon auch nach mancherlei Richtung abgewichen ist.

---

[8]) Eine dankenswerte Übersicht über „Das neue Wechsel- und Scheckrecht Jugoslawiens“ gibt Lachner, Wien 1929.

[9]) Vergleiche die von Bouteron mit einem Vorwort und Anmerkungen versehene französische Ausgabe der internationalen Handelskammer, Warschau 1925.

Daß auch die Länder, deren Scheckgesetze jüngsten Datums sind, sich an den Arbeiten der Konferenz sehr aktiv beteiligten — dem polnischen Delegierten Professor Sułkowski verdankte die Konferenz sehr wertvolle Anregungen —, soll als Beweis für den aufrichtigen Willen zur Vereinheitlichung festgehalten werden, der die Verhandlungen der Konferenz charakterisierte.

Bezeichnend für diesen Geist ist auch das Verhalten des Vertreters Großbritanniens, Professors Gutteridge, der den regsten Anteil an den Arbeiten der Konferenz nahm, obwohl von vornherein — wie schon seinerzeit im Haag — kein Zweifel bestand, daß England seine von der kontinentalen stark abweichende Konzeption des Scheckrechtes beibehalten wird. — Man wird es übrigens der Entscheidung der Zukunft überlassen müssen, ob der Einfluß der durch das Genfer Abkommen zu einem einheitlichen Block vereinigten kontinentalen Rechtsgruppe, der sich überdies auch namhafte außereuropäische Staaten anschließen dürften, nicht stark genug sein wird, um England zu einer Überprüfung der Frage seines Beitrittes zu veranlassen. Auf diese Möglichkeit, als das Ziel der Zukunft, hat in seinem Schlußwort insbesondere der Chef der italienischen Delegation, Staatssekretär Giannini, hingewiesen.

III. Noch ein paar Worte darüber, in welcher Art die Genfer Konferenz ihr Ziel zu erreichen suchte und über die Mittel, die ihr dabei zur Verfügung standen.

Wer etwa von internationalen Konferenzen echte Fortbildung des Rechtes, eine Erschließung neuer Rechtsquellen erhofft, der würde allerdings enttäuscht werden; solche Hoffnung würde wohl die organischen Voraussetzungen jeglicher Rechtsentwicklung verkennen.

Die Durchsicht der Haager Protokolle zeigt, welche Schwierigkeiten zu überwinden waren, um in das fremde Rechtsdenken einzudringen, sich der Verschiedenheiten in der juristischen Erfassung und wirtschaftlichen Wertung der in Betracht kommenden Tatbestände bewußt zu werden, um dann endlich die Problemstellung vornehmen zu können. Ohne die Unsumme geistiger, ja selbst ethischer Arbeit, die im Haag geleistet wurde, wäre der Erfolg der Genfer Konferenz von vornherein unmöglich gewesen. Die Haager Konferenz führte allerdings, soweit das Scheckrecht in Frage kommt, nicht eigentlich zu einer Einigung; sie darf aber das große Verdienst in Anspruch nehmen, die Differenzpunkte gefunden und von allen Seiten beleuchtet zu haben.

Aufgabe der Genfer Verhandlungen konnte — nach dem

früher Gesagten — von vornherein nur sein, Kompromisse zwischen den in den Gesetzen der einzelnen Rechtsgruppen verkörperten Grundauffassungen zu finden, Lösungen herbeizuführen, schmiegsam genug, um eine gesunde Fortentwicklung des Scheckrechtes nicht zu unterbinden,[10]) endlich dort, wo eine Einigung nicht möglich war, im Wege der „Reserven" — der ultima ratio aller Konferenzen — „jedermann das zu lassen, was er für seine Verhältnisse für wesentlich hält". Noch eine Forderung — freilich eine negative — konnte an die Konferenz gestellt werden: daß sie nämlich mit aller Strenge darauf bedacht sei, einer Degeneration des Schecks entgegenzuwirken. Ansätze dazu konnten sattsam festgestellt werden; der Generalbericht nennt als Hauptursache hiefür den Druck allzu fiskalischer Gebührengesetze. Umgekehrt führe gerade die Begünstigung des Schecks auf diesem Gebiete dazu, ihn zu Funktionen heranzuziehen, die seiner Natur als eines reinen Zahlungsinstrumentes fremd sind und ihn zum Kreditpapier verfälschen. — Die Ausführungen des Generalberichtes wären insbesondere durch den Hinweis auf den Mißbrauch der Vordatierung von Schecks zu illustrieren.

IV. In seiner geistsprühenden Studie „Die Haager Beschlüsse über das einheitliche Scheckrecht,[11]) hat Franz Klein, der Schöpfer unseres Scheckgesetzes, ein wenig freundliches Urteil über die scheckrechtlichen Ergebnisse der Haager Konferenz [12]) gefällt.

Klein beklagt zuerst den Mangel wahrer kosmopolitischer Gesinnung der Zeit — man schrieb damals 1913 —; das Nationalgefühl zeige einen Hang zum Nationalismus, die Völker pochen immer mehr auf ihre Selbständigkeit und ihre Sonderinteressen, Wirtschaftskriege seien an der Tagesordnung. Der Wert internationaler Verkehrserleichterungen, in welche Kategorie auch jede Rechtsvereinheitlichung zu stellen ist, hänge aber im Wesentlichen von der Art und Richtung der

---

[10]) In seiner Abschlußrede erinnerte Präsident Dr. Limburg daran, daß man im Haag den Scheck bezeichnet habe als „oiseau rebelle que nul ne peut apprivoiser." Der Konferenz sei es zwar nicht gelungen, diesen ungebärdigen Vogel in einen Käfig zu setzen, wohl aber ihm eine Volière zu bauen, worin er sich hinreichender Freiheit erfreue.

[11]) Erschienen 1914 bei S. Guttentag, Berlin, als Sonderabdruck aus der Festgabe für Rießer, 1913.

[12]) Über die Haager Resolutionen vergleiche noch Sichermann, „Zur Vereinheitlichung des Wechsel- und Scheckrechtes", 1925; Wulff, Die Resolutionen der Haager Konferenz 1912 über die Vereinheitlichung des Scheckrechts, 1925, und vor allem Meyer, Weltscheckrecht, II. Band, 1913.

wirtschaftlichen Betätigung ab. Sie können nicht ihre vollen Früchte tragen, wenn der Wille fehle, die wirtschaftlichen Beziehungen in rein wirtschaftlichem Geiste zu pflegen (a. a. O., S. 4, 5). — Was die juristische Seite des Problems betrifft, hat Klein in der Haager Konferenz „eine Rekognoszierung gesehen, die noch nichts entschieden hat, aber wertvolle Aufklärungen brachte" (S. 7). Ermutigend seien diese Aufklärungen nicht; eher hätten sie gezeigt, daß „dem Scheckrecht gerade in seinem gegenwärtigen Evolutionsstadium die Vorbedingungen der Vereinheitlichung fehlen" (S. 35). Jedenfalls „komme für die Staaten des modernen Scheckrechts — gemeint sind Österreich, Deutschland und Ungarn — die Unifizierung zu früh" (S. 6). Das österreichische Recht, das aus wohlüberlegten Gründen die herrschenden englischen und französischen Scheckkonzeptionen zum Teile verlassen und neue Wege eingeschlagen habe, hätte noch nicht die Zeit gehabt, sich einzuleben und eine ernste Probe auf seine Richtigkeit zu bestehen (S. 6). Auf die konkreten Ergebnisse der Haager Konferenz hinweisend, fährt Klein fort: „Das Verschwinden der Guthabenklausel und noch mehr das erleichterte Abrücken der Schecks von den Sammelstellen der Geldzirkulation, die Lockerung des Grundsatzes, daß der Scheck unter allen Umständen eine Sichtanweisung ist, die Verlängerung der Vorlagefristen, das sind einschneidende Wandlungen" (S. 29). — Deutschlands Verlustliste sei viel kleiner, was sich aus der ungleich größeren Strenge des österreichischen Gesetzes, diese aber wiederum daraus erkläre, daß Österreich für einen volkstümlichen Aufschwung des Schecks erst durch Disziplinierung des Zahlungsprozesses zu gewinnen war; daher die Versperrung aller Seitenwege; daher auch sollte der Verkehr — selbst gegen seinen Willen — auf die erwünschte Linie gedrängt werden (S. 28).

Österreich werde darum sehr sorgfältig zu prüfen haben, ob es eine — nach den Haager Beschlüssen übrigens recht unvollkommene — Rechtseinheit mit der Preisgabe einiger der wichtigsten Bestimmungen seines nationalen Rechts nicht zu teuer bezahle.

Die Ausführungen Kleins möglichst getreu wiederzugeben, war schon deshalb geboten, weil sie richtunggebend für die folgende Darstellung des Genfer Scheckgesetzes sein mußten. Mag auch in Kleins herber Kritik ein Ton des Unmuts mitschwingen — des Unmuts vielleicht darüber, daß das österreichische Scheckgesetz nicht in allem Wesentlichen den Haager Beschlüssen Vorbild geworden, — stets müssen seine Worte dem österreichischen Juristen ein Vermächtnis bleiben, sorgsamster Pflege wert. In der Tat; mag es auch für den, der an den Genfer Verhandlungen teilnahm, scheinen, daß das Bedürfnis der Völker, einander zu verstehen und näher zu kommen, wieder im Steigen begriffen ist, Kleins Forderung nach kühlem Abwägen der Vor- und Nachteile einer Rechtsvereinheitlichung ist gewiß am Platze. Denn was könnte auch der beste Wille, auf dem Gebiete des Rechtes zu einer Überwindung nationaler Gebundenheit zu gelangen, — ein Wunsch, der vielleicht nichts anderes sein mag, als das Bedürfnis intellektueller Kreise nach psychologischem Ausgleich des starken Mißbehagens an der gegenwärtigen Gestaltung der europäischen Dinge —, was könnte dieser Wille helfen, wenn wirtschaftliche Feindseligkeiten die erreichte Rechtseinheit nicht zur Entfaltung gelangen ließen?

Zweck unseres Berichtes ist es, die von Klein mit vollem Rechte geforderte Prüfung durch entsprechende Sichtung und Anordnung des Materials vorzubereiten und vielleicht zu erleichtern. Darum wird, unter Vernachlässigung weniger wichtiger und nicht kontroverser Partien des Genfer Rechtes, besonderes Gewicht auf die Hervorhebung der Unterschiede gelegt, die das einheitliche Scheckgesetz gegenüber dem österreichischen Rechte, aber auch gegenüber den Haager Beschlüssen, aufweist, die Klein so scharf kritisiert hat.

Klein erwähnt ferner in seiner Studie, man habe im deutschen Reichstag in der Debatte über die Ratifikation des Haager Wechselrechtsabkommens bedauert, daß nicht schon vorher irgendwelche amtliche Informationen erfolgten. Er riet darum, auch für das Gebiet internationaler Abkommen für ausreichende Publizität der Materialien zu sorgen, noch ehe solche Abkommen den Parlamenten vorgelegt werden. — Die Gesetzgebung hat, wenigstens in Österreich, mittlerweile auch in dieser Beziehung Vorsorge getroffen. Immerhin bedeutet es vielleicht für die Kreise, die an der Gestaltung des Scheckrechts, sei es aus praktischen, sei es aus theoretischen Gesichtspunkten interessiert sind, Vorteil und Zeitgewinn, wenn sie schon durch den vorliegenden Bericht, noch bevor sie im amtlichen Wege um Abgabe ihrer Äußerung gebeten werden, in die Lage versetzt werden, sich ihr Urteil zu bilden.

V. Die Auffassung der Scheckziehung als einer doppelten Ermächtigung [13]) — einerseits des Bezogenen, Zahlung zu leisten, andererseits des Schecknehmers, sie zu fordern — führt dazu, die mit dem Scheck zusammenhängenden Normen in

[13]) Vergl. Mossa, Le teorie dello check nelle ultime codificazioni, Pisa 1930.

zwei Gruppen zu sondern. Die eine befaßt sich mit dem Verhältnis des Ausstellers zu dem Bezogenen, die andere mit den Rechtsbeziehungen, die zwischen dem Aussteller, dem ursprünglichen Schecknehmer und dessen Nachmännern spielen.

Den kambialen Zweig des Scheckrechts in Übereinstimmung mit den Bestimmungen des in Genf beschlossenen einheitlichen Wechselgesetzes zu bringen, war ein gewiß gerechtfertiges Bestreben der Konferenz; eine Reihe von Bestimmungen schon des Haager Scheckrechtsentwurfes ist auf die gleiche Tendenz zurückzuführen. Die Genfer Konferenz hat daran festgehalten, ohne sich jedoch darüber zu täuschen, daß ein zu weit getriebener Parallelismus die spezifische Natur des Schecks beeinträchtigen müßte.

Führt schon die Erwähnung des möglichen Widerstreites zwischen dieser Angleichungstendenz und der eigenen Natur des Schecks in das Meritum der Regelung selbst, so trifft dies in noch höherem Maße hinsichtlich eines anderen Zieles zu, von dem sich die Haager sowohl wie die Genfer Konferenz leiten ließ, von dem Bestreben nämlich, im Interesse der Sicherheit des Scheckverkehrs die Gültigkeit des Schecks und der Scheckerklärungen nach Möglichkeit zu wahren. Dieser Gesichtspunkt der Vermeidung von „Nullitäten" war vor allem maßgebend für die möglichste Beschränkung in der Auswahl der formellen Erfordernisse des Schecks, ferner bei der Regelung der passiven Scheckfähigkeit, bei der Behandlung des Annahmevermerkes und der anders als auf Sicht zahlbar gestellten Schecks, des Zinsvermerks, sowie mancher Probleme des internationalen Scheckprivatrechtes.

Inwieweit sich der Satz „Quod non est in cambio, non est in mundo", also positiv ausgedrückt, die Forderung, daß „die Rechtsbeziehungen der Beteiligten zu einander möglichst nach dem äußeren Inhalt der Urkunde" bestimmt werden sollen, und die weitere Forderung nach tunlichster Berücksichtigung des mutmaßlichen Parteiwillens durchzusetzen vermochten, wird bei Erörterung der einzelnen Bestimmungen des einheitlichen Scheckgesetzes zu zeigen sein.[14]) Wohl aber ist der Grundsatz von der Unabhängigkeit und Selbständigkeit der einzelnen scheckrechtlichen Erklärungen voll gewahrt worden.

Schon der Haager Entwurf hielt daran fest, die Beziehungen zwischen dem Aussteller und dem Bezogenen — also den extrakambialen Teil der mit der Scheckziehung zusammenhängenden Rechtsverhältnisse — der Parteiautonomie zu

---

[14]) Vergl. für das Einheitliche Wechselgesetz Quassowski, a. a. O., S. 775.

überlassen. Auch nach dem Willen der Genfer Konferenz soll die Gestaltung dieser Rechtsbeziehungen, die man unter der Bezeichnung „Scheckvertrag" zusammenzufassen gewohnt ist, tunlichst außerhalb des einheitlichen Scheckgesetzes und Domäne der freien Vereinbarung bleiben. Formulare vorzuschreiben, Bestimmungen über das Material der Scheckurkunde zu treffen u. dgl., soll nicht Sache des Gesetzgebers sein. Diese Dinge zu regeln, müsse dem Verkehr überlassen werden, dem dabei das viel elastischere, den wechselnden Bedürfnissen sich anpassende Vehikel des Scheckvertrages zu Gebote steht. — Aber auch von der Gestaltung des rein juristischen Teiles der Beziehungen zwischen Aussteller und Trassat hat sich das einheitliche Scheckgesetz möglichst ferngehalten, wobei auch zum Teil die Erwägung mitspielte, daß die Gestaltung der Normen des allgemeinen Privatrechtes, die als Grundlage für eine derartige Regelung in Betracht kämen, in den einzelnen Ländern zu sehr verschieden ist.

Eine Prüfung aus diesem Gesichtswinkel erfuhren insbesondere die Frage der Avisierung des Schecks — sei es für alle Fälle oder nur dann, wenn der Scheckbetrag eine gewisse Höhe übersteigt —, die Frage der Widerruflichkeit der Scheckanweisung und die damit im gewissen Zusammenhange stehende Frage nach der Wirkung des Todes oder der Geschäftsunfähigkeit des Ausstellers, weiters das Problem, inwieweit die vom Bezogenen geleistete Zahlung des Schecks schuldbefreiend wirkt, insbesondere wichtig im Hinblick auf die Fälle der Zahlung eines verlorenen, eines gefälschten oder verfälschten Schecks. — Daß die Konferenz vor einem Eingriff in die zwischen dem Aussteller und dem Bezogenen bestehenden Rechtsbeziehungen nicht zurückscheute, wo es galt, das Wesen des Schecks als eines Zahlungsinstrumentes unbeeinträchtigt zu lassen — wie etwa in der Frage der Widerruflichkeit — bedarf wohl keiner Begründung. Daß andererseits manche Fragen ungeregelt blieben, wie etwa die Haftung im Falle der Einlösung falscher oder gefälschter Schecks, so sehr ihre Lösung aus dem Gesichtspunkt der Vereinheitlichung erwünscht gewesen wäre, ist weit weniger als Auswirkung des früher hervorgehobenen prinzipiellen Gesichtspunktes, denn aus der sehr heiklen Natur dieser, Interessenstandpunkte berührenden Frage zu erklären.

Randgebiete des Scheckrechtes zu betreten, insbesondere solche, die zum Verfahrensrecht hinüberleiten, mußte sich die Konferenz versagen; gewiß verständlich, wenn man sich die große Verschiedenheit der einzelnen nationalen Verfahrensgesetze vor Augen hält, aber nicht minder bedauerlich, weil das

Bedürfnis des internationalen Verkehrs nach einheitlicher Lösung gerade solcher praktischer Fragen — man denke z. B. an die Kraftloserklärung von Schecks, an die Vorschriften über den Protest — ein ungemein lebhaftes ist.

Dies im Wesentlichen die Richtlinien, die für die Konferenz bei der Prüfung der einzelnen, ihrer Regelung harrenden Fragen maßgebend waren. Diese Charakterisierung wäre unvollständig ohne die Feststellung, daß auch das einheitliche Scheckgesetz grundsätzlich daran festgehalten hat, dem Inhaber des Schecks das direkte Klagerecht gegen den Bezogenen zu versagen. Inhaber und Bezogener treten somit in Rechtsbeziehungen nur durch die Zahlung. Andernfalls kommt es zu keinem rechtlichen Kontakt zwischen diesen Spitzen der beiden, an ihrem Ausgangspunkt durch den Aussteller zusammenhängenden Zweige des Scheckrechtsverhältnisses.

Zur Systematik des einheitlichen Scheckgesetzes sei noch bemerkt, daß die Konferenz der Ansicht war, das Gesetz müsse sich selbst genügen. Verweisungen auf Bestimmungen des Einheitlichen Wechselgesetzes verboten sich schon durch die Erwägung, daß nicht alle Staaten, die dem Scheckrechtsabkommen beitreten, zugleich Vertragsteile des Abkommens über das einheitliche Wechselgesetz sein müssen. Es wurden daher die auch für den Bereich des Scheckrechts zur Anwendung bestimmten Vorschriften des Einheitlichen Wechselgesetzes in das Einheitliche Scheckgesetz eingebaut.

Noch eine Bemerkung, die vielleicht wichtig genug scheint, um sie der allgemeinen Charakteristik des Genfer Rechtes beizufügen. Der Haager sowohl als der Expertenentwurf hatten hinsichtlich der Gegenstände, über die eine Einigung nicht möglich war, oder wenn es sich darum handelte, den in das einheitliche Gesetz aufzunehmenden Normen größeren Nachdruck zu verleihen (z. B. durch Einräumung von Schadenersatzansprüchen im Falle des Widerrufs eines Schecks, durch Strafbestimmungen zur Verhinderung der Ausstellung ungedeckter Schecks u. dgl.), den Vertragsstaaten ausdrücklich die Ermächtigung eingeräumt, die in Betracht kommenden zivilrechtlichen, strafrechtlichen oder fiskalischen Maßnahmen zu erlassen. Die Genfer Konferenz hat diese — uneigentlichen — Vorbehalte beseitigt; der Generalbericht betont jedoch, daß, soweit ein Gegenstand im Einheitlichen Gesetz nicht geregelt ist, jeder Staat das Recht behält, die ihm gutscheinende Regelung zu treffen. Als Beispiel wird erwähnt die Regelung der Form des Protestes, ferner die Maßnahmen für den Fall der Vernichtung des Verlustes oder des Diebstahls von Schecks.

Besonderer Teil.

A. Das Einheitliche Scheckgesetz.

Die Bestandteile des Schecks. Unter Verzicht auf eine Legaldefinition [15]) des Schecks begnügt sich das Einheitliche Scheckgesetz (ESG.) — nach dem Beispiel aller modernen Gesetze und des Haager Entwurfes (HE.) — die einzelnen Bestandteile des Schecks aufzuzählen, die in ihrer Gesamtheit die Urkunde zum Scheck machen (Art. 1).

1. Als erstes dieser Formerfordernisse figuriert — entsprechend der allgemein anerkannten Natur des Schecks als eines reinen Formalpapiers — die Scheckklausel [16]); gegen ihre Aufnahme wurde erfreulicherweise auch von Seite der Länder, deren Rechten die Scheckklausel fremd ist, wie z. B. Frankreich, keinerlei Widerstand erhoben; es wurde lediglich in der Form einer Reserve (vgl. Art. 1, Anh. II) eine Übergangsbestimmung vorgesehen, die es den erwähnten Ländern gestattet, das Erfordernis der Scheckklausel erst sechs Monate nach Inkrafttreten des Abkommens in Wirksamkeit zu setzen.

Die Bezeichnung als Scheck muß — wie nach österreichischem, deutschem, ungarischem und jugoslawischem Recht — in den Text [17]) der Urkunde selbst, und zwar in der Sprache aufgenommen werden, in der die Urkunde verfaßt ist (ebenso Art. 1, Z. 1, des Einheitlichen Wechselgesetzes = EWG.); die Übersetzung des Wortes Scheck ist also für Länder, welche dieses Wort in ihrer Sprache nicht kennen, nicht nur erlaubt, sondern sogar geboten. — Der Acte final (P. 4) macht den Versuch, eine Art gesetzlichen Schutzes für den Ausdruck Scheck einzuführen, indem er den Vertragsstaaten, in Form eines Wunsches, nahelegt, durch ihre Gesetzgebung den Gebrauch dieses Wortes in Urkunden zu verbieten, die — wie z. B. Ef-

[15]) Gegen den Versuch einer gesetzlichen Definition hat sich nahezu das gesamte Schrifttum ausgesprochen.

[16]) Über ihre doppelte Funktion als Unterscheidungsmerkmal des Schecks vom Wechsel und von den Sichtanweisungen, anderseits als „Alarm- oder Warnungssignal“, daß „der eigentümliche und auch strafrechtlich nicht ungefährliche Boden des Scheckrechtes betreten wird“, vergl. Cohn, Zeitschrift für das gesamte Handelsrecht, Band 61, S. 34.

[17]) Ein Erfordernis, dem von einigen Kritikern des HE. sowie des deutschen und österreichischen Scheckgesetzes — vielleicht nicht ganz mit Unrecht — der Vorwurf einer gewissen Engherzigkeit gemacht wurde.

sektenschecks, Überweisungsschecks — nach den Bestimmungen des ESG. nicht als Schecks anzusehen sind.

2. Das zweite Erfordernis — die **Zahlungsklausel** — kleidet das ESG. in die Worte „le mandat pur et simple de payer une somme déterminée". Der Generalbericht betont, daß — übrigens auf Antrag Österreichs und Jugoslawiens — das Wort „mandat" an Stelle des im HE. vorgesehenen Ausdrucks „ordre" nur deshalb gewählt wurde, um volle Übereinstimmung mit der Fassung der Zahlungsklausel im EWG. herbeizuführen. Der Ausdruck „mandat" stehe hier nicht als juristischer Fachausdruck; keinesfalls habe man damit etwas über die, immerhin kontroverse, Rechtsnatur des Schecks aussagen wollen. — Die deutsche Übersetzung hat das Wort mandat — wie seinerzeit die Zahlungsklausel des Haager Wechselrechtes — mit „Anweisung"[18]) wiedergegeben und die Worte „pur et simple" — „sans condition" interpretiert der Generalbericht — mit „unbedingt" übersetzt. Es braucht kaum betont zu werden, daß schon das Wesen des Schecks als eines reinen Sichtpapieres die Abhängigkeit der Zahlung auch von der Erbringung einer **Gegenleistung** ausschließt,[19]) ohne daß darauf, wie im österreichischen und ungarischen Scheckgesetz, ausdrücklich hingewiesen werden müßte. Das deutsche Scheckgesetz enthält einen derartigen Hinweis ebenfalls nicht.

Eine Debatte, die sich an die Frage knüpfte, ob die als Niederschlag einer dem Scheckvertrage angehörenden Abmachung manchmal in den Scheck selbst aufgenommene **Avisoklausel** einen Verstoß gegen die Unbedingtheit der Zahlungsanweisung bedeute und einen Scheck nichtig mache, hatte ihre Vorläuferin schon auf der Haager Konferenz. Es wurde in Genf beantragt, durch eine ausdrückliche Vorschrift außer Zweifel zu stellen, daß durch die Avisoklausel die Rechte des Inhabers gegen die Scheckverpflichteten in keiner Weise berührt werden. Nach längeren Auseinandersetzungen sah man jedoch von einer solchen Bestimmung ab, da die Konferenz — wie seinerzeit schon die Haager Konferenz (Actes 1912, I, S. 201, und II, S. 226) — nahezu einmütig der Meinung war, daß der Avisovermerk die Unbedingtheit der Zahlungs-

[18]) Ebenso § 1, Z. 2, deutsches Scheckgesetz, wogegen das österreichische Gesetz von einer „Aufforderung" spricht, obwohl die Motive keinen Zweifel lassen, daß sie den Scheck subsidiär den Normen des Anweisungsrechtes unterstellen wollen; die deutsche Begründung hebt dies ausdrücklich hervor.

[19]) Vergl. **Meyer** (Weltscheckrecht, II, S. 27). Zweifelnd jedoch **Klein** (a. a. O., S. 12 für den Fall, daß eine Gesetzgebung den Scheck als Mandat behandelt.

aufforderung nicht in Frage stelle und daß ein solcher Vermerk die Rechte des Inhabers keinesfalls beeinträchtigen könne. Übrigens sei diese Frage auch durch das EWG. nicht ausdrücklich geregelt worden.

Desgleichen wurde, schon um die Parallelität mit der Fassung der Zahlungsklausel im EWG. nicht aufzugeben, ein Antrag abgelehnt, der auf die Verpflichtung des Ausstellers abzielte, die Schecksumme in Buchstaben oder in Buchstaben und Ziffern auszudrücken; es stehe übrigens durchaus nicht fest, ob Fälschungen durch diese Art der Bezeichnung des Scheckbetrages erschwert werden.

3. Gleich dem EWG. fordert auch das ESG. als weitere wesentliche Bestandteile den Namen[20]) des Bezogenen, ferner die Angabe des Tages und des Ortes der Ausstellung des Schecks, sowie endlich die Unterschrift des Ausstellers. — Handschriftlichkeit verlangt das Gesetz nur für die Unterschrift. Welche mechanischen oder chemischen Mittel zur Wiedergabe der übrigen wesentlichen Scheckbestandteile aus dem Gesichtspunkte tunlichster Hintanhaltung von Fälschungen den Vorzug verdienen (Schreibmaschine, Druck, Lochschrift, Gauffrage usw.), sowie die Wahl der Papiersorte bleibt dem Verkehr überlassen. Ebensowenig hielt es die Konferenz für geboten, die Verwendung bestimmter Scheckformulare vorzuschreiben. Selbstverständlich kann jeder Staat auf den Gebrauch bestimmter Blankette scheckfähig Bezogener durch entsprechende Gestaltung z. B. der gebührenrechtlichen Vorschriften hinwirken.

Eine (auch im Abkommen über das EWG.) vorgesehene Reserve überläßt der nationalen Gesetzgebung die Regelung der Frage, in welcher Weise in Fällen physischer Unfähigkeit zur Beisetzung der Unterschrift diese ersetzt werden kann. Trotz dem auch für den Bereich des Scheckrechtes geltenden Artikel 94 unserer Wechselordnung sollte man aber, schon im Interesse der Rechtseinheit mit Deutschland, davon absehen, von dieser Reserve Gebrauch zu machen. Nach der Begründung zur Regierungsvorlage einer einheitlichen Wechselordnung (Nr. 200 der Beilagen zu den stenogr. Protokollen des Herrenhauses — XXI. Session, 1913) sollte Art. 94

[20]) Daß das österreichische Scheckgesetz im § 2, Z. 2 und 4, ausdrücklich der Fälle gedenkt, in denen der Bezogene oder der Aussteller eine Firma ist, geschah offenbar, um der Diktion der Wechselordnung (Art. 4, Z. 3 und 5) zu folgen. Es ist aber wohl selbstverständlich, daß, soweit die handelsgesetzlichen Vorschriften den Gebrauch einer Firma gestatten, Wechsel und Schecks auch unter Verwendung des Firmawortlautes unterzeichnet werden können.

Wechselordnung in das neue Recht nicht etwa deshalb übernommen werden, um die wenig wünschenswerte Teilnahme von Personen am Wechselverkehr zu erleichtern, die des Schreibens unkundig sind, sondern vor allem mit Rücksicht auf den Stand unserer Rechtsprechung, nach der mit hebräischen Schriftzeichen vollzogene Unterschriften nur als Handzeichen gelten. Ob diese Erwägungen auch heute noch zutreffen, darf füglich bezweifelt werden.

4. Als weiteres wesentliches Formerfordernis endlich hat das ESG. — übereinstimmend mit dem HE., abweichend jedoch vom deutschen und österreichischen Scheckgesetze — die Angabe des Zahlungsortes vorgesehen. Die dem österreichischen Recht eigentümliche Beschränkung, wonach als Zahlungsort nur ein Ort bezeichnet werden kann, an dem der Bezogene eine Niederlassung hat oder wo sich eine Abrechnungsstelle befindet, bei der er vertreten ist, fehlt im ESG. Es steht jedoch den Banken die Aufnahme einer Bestimmung des Inhaltes in den Scheckvertrag frei, daß der Scheck nur auf Orte zahlbar gestellt werden darf, an denen die bezogene Bank eine Niederlassung hat. — Daß der Zahlungsort vom Ausstellungsort verschieden sein kann (so § 4, Abs. 2 unseres Scheckgesetzes), wurde im ESG. nicht ausdrücklich hervorgehoben.

Die Bedeutung des im Scheck angegebenen Zahlungsortes erschöpft sich, wie der Generalbericht hervorhebt, nicht darin, daß der Scheck an diesem Orte zu präsentieren und allenfalls dort zu protestieren ist; er ist auch maßgebend für die Bestimmung der Währung (Schweizer Franken, wenn der Zahlungsort in der Schweiz, französische Francs, wenn er in Frankreich liegt). — Die Frage, ob die alternative Angabe mehrerer Zahlungsorte zulässig ist, ist von der Konferenz nicht entschieden worden.

Fehlt eines der im Artikel 1 aufgezählten Erfordernisse, so gilt zufolge der im Artikel 2 enthaltenen, der Vorschrift auch des § 2, Z. 2, österr. Scheckgesetzes entsprechenden Sanktion die Urkunde nicht als Scheck. Dieser Grundsatz erfährt insofern eine nicht unerhebliche Abschwächung, als das Gesetz selbst, im Falle des Mangels der Angabe des Zahlungs- und des Ausstellungsortes — ebenso wie Art. 2 des EWG. und das deutsche und österr. Recht — durch positive Vorschriften eingreift, um die Ungültigkeit von Schecks tunlichst zu vermeiden.

Der Haager Entwurf hatte in dieser Beziehung — gleich dem deutschen und ungarischen Gesetze — vorgesehen, daß dann, wenn kein Zahlungsort angegeben ist, als solcher der beim Namen des Bezogenen angegebene Ort und, wenn es auch an einer solchen Angabe fehlt, der Ausstellungsort zu gelten hat. Diese, übrigens auch in der Literatur mehrfach angegriffene Bestimmung[21]) wurde auf Antrag der österreichischen und der niederländischen Delegation dahin abgeändert, daß in solchen Fällen, sowie dann, wenn der Zahlungsort auch aus anderen, im Scheck enthaltenen Angaben nicht entnommen werden kann, der Scheck als an dem Orte zahlbar gilt, wo der Bezogene seine Hauptniederlassung hat. Die Konferenz glaubte durch diese Regelung, die auch in England gilt, dem vermutlichen Parteiwillen am nächsten zu kommen. Die Einwendung, daß die Hauptniederlassung der Urkunde selbst nicht entnommen werden könne, schlug nicht durch. — Die Bestimmung entspricht im Wesentlichen dem österreichischen Recht (§ 4, Abs. 3 Scheckgesetzes); sie unterscheidet sich davon nur darin, daß es nach ihr zunächst auf den beim Namen des Bezogenen angegebenen Ort, von mehreren Orten auf den an erster Stelle genannten ankommt, und erst, wenn auch diese Angabe fehlt, dem Orte der Hauptniederlassung die Funktion des Zahlungsortes zugewiesen wird.

Der Generalbericht bemerkt, daß der suppletorische Zahlungsort ohne Bedeutung für die Frage ist, in welcher Währung der Scheck bezahlt werden muß. Darüber habe in solchen Fällen der Richter in Würdigung der besonderen Verhältnisse zu entscheiden.

Auf Antrag Japans wurde eine Reserve zugelassen (Anhang II, Art. 3), die es der nationalen Gesetzgebung gestattet, dann, wenn die ausdrückliche Angabe des Zahlungsortes fehlt und auch beim Namen des Bezogenen kein Ort angegeben ist, als Zahlungsort nicht den Ort der Hauptniederlassung des Bezogenen, sondern den Ausstellungsort gelten zu lassen. — Es ist im Interesse tunlichster Rechtseinheit mit Deutschland zu hoffen, daß das künftige deutsche Scheckgesetz von dieser Reserve nicht Gebrauch machen werde.

Für den Fall, daß die Angabe des Ausstellungsortes fehlt, greift das Gesetz ebenfalls mit einer Hilfsvorschrift ein, indem es (Art. 2, Absatz 4) — übereinstimmend mit dem HE. und Art. 2 des EWG. — als Ausstellungsort den Ort gelten läßt, der bei dem Namen des Ausstellers angegeben ist.

---

[21]) Vergleiche Cohn in der Zeitschrift für das gesamte Handelsrecht, Band 61, S. 36, 37 und die bei Redlich (Vorschläge zur Vereinheitlichung des Scheckrechtes, Berlin 1911, Seite 45) genannten Autoren, ferner Meyer a. a. O., Seite 70.

Eine auf Wunsch Japans, dessen Recht dieses Formerfordernis nicht kennt, gewährte Reserve (Art. 1, Anhang II) gestattet es, dieses Erfordernis erst 6 Monate nach Inkrafttreten des Abkommens wirksam werden zu lassen.

5. Guthabenklausel: Österreich hat die in den Scheckformularen der Österreichisch-ungarischen Bank der Zahlungsaufforderung beigefügte Klausel „aus meinem Guthaben" in sein Scheckgesetz aufgenommen. Der Motivenbericht zum österreichischen Scheckgesetz sieht in der Guthabenklausel die nachdrücklichste Proklamierung des Deckungserfordernisses auch nach außen; „sie bringe die eigentlichen Aufgaben des Schecks stets von neuem in Erinnerung und habe außerdem nach zwei Seiten konkretere Bedeutung: den Aussteller mahne sie an die nachteiligen Rechtsfolgen, die das Gesetz an die Ausgabe ungedeckter Schecks knüpft, und zugleich verschärfe sie seine Pflicht dem Nehmer des Schecks gegenüber, denn die Ausstellung eines ungedeckten Schecks enthalte nun zugleich eine ausdrückliche unwahre Zusicherung des Schuldners, was bei etwaigem Kausalzusammenhang mit der Gegenleistung des Schecknehmers für die strafrechtliche Beurteilung von Belang sein kann."

Auf den Beratungen der mitteleuropäischen Wirtschaftsvereine von Deutschland, Österreich und Ungarn in Budapest, 1907, sprach sich die Mehrheit für die Einführung der insbesondere auch von J. Rießer und Hammerschlag gegen Cohn verteidigten Klausel aus; für den Mehrheitsbeschluß war außer den früher angeführten Gründen „noch der Wunsch nach Vermeidung stempelrechtlicher Nachteile im Verkehr zwischen Österreich und seinen Nachbarstaaten und endlich das Streben nach Rechtseinheit von entscheidender Bedeutung". So ging denn tatsächlich die Guthabenklausel in das deutsche und später in das ungarische Scheckgesetz über.

Die Guthabenklausel hat starke Gegnerschaft,[22]) auch in der deutschen Literatur gefunden[23]): Als Unterscheidungsmerkmal sei sie überflüssig, da schon die Scheckklausel diese Funktion besorge; man bestritt ihr aber auch jede Präventivwirkung im Sinne einer Maßnahme gegen die Ausgabe ungedeckter Schecks; sie sei ja vorgedruckt und werde also in

---

[22]) Vergl. Meyer: Weltscheckrecht II, Seite 32; Der Bericht über die Scheckkonferenz der mitteleuropäischen Wirtschaftsvereine, S. 4, Berlin 1908.

[23]) Vergl. die zahlreichen bei Redlich: Vorschläge zur Vereinheitlichung des Scheckrechtes, Berlin 1911, aufgezählten Autoren; ferner Sichermann, a. a. O. S. 27; jüngstens Mossa, Le teorie dello check, S. 5.

der Regel überhaupt nicht gelesen. Für die Unerfahrenen sei sie nicht auffallend genug, den Betrüger aber werde sie gewiß nicht abschrecken. Sie sei also nichts als eine überflüssige Formel, die den Text des Schecks ganz unnütz belaste, daher schon aus dem Gesichtspunkt tunlichster Ökonomie in der Festsetzung der obligatorischen Formerfordernisse und der Vermeidung von nichtigen Schecks abzulehnen. — Auch jede repressive Bedeutung sprach man der Guthabenklausel ab. „Nicht durch Einfügen der Guthabenklausel, sondern durch die Ausstellung des Schecks offenbare sich möglichenfalls die Arglist". Nach Fick, Die Frage der Checkgesetzgebung, Zürich 1897, S. 167, klingt übrigens die früher wiedergegebene Stelle der Begründung des österreichischen Scheckgesetzes „gerade so, als ob es dem Gesetzgeber besonderes Vergnügen machte, dem Strafrichter eine neue Art Opfer in die Arme zu treiben"; eine solche Begründung des Erfordernisses der Guthabenklausel müsse „geradezu als unmoralisch verworfen werden".

Diesem „Kreuzfeuer von Einwendungen" war die Guthabenklausel ausgesetzt, als die Vertreter Österreichs und Deutschlands auf der Haager Konferenz ihre Aufnahme in das Einheitliche Scheckgesetz verlangten. Der Antrag wurde mit 16 gegen 4 Stimmen abgelehnt; auch eine Reserve ist nicht bewilligt worden.

Klein (a. a. O., S. 9 ff.) hat diese Stellungnahme der Haager Konferenz auf das schärfste kritisiert; sie stehe überdies im Widerspruch zu der von der Konferenz beschlossenen Vorschrift, wonach Schecks nur auf Personen gezogen werden dürfen, bei denen der Aussteller ein Guthaben besitzt. Besonders irrationell sei die Versagung selbst einer Reserve: es liege ein unverständlicher Widerspruch darin, daß man die Vertragsstaaten zur Anwendung aller Repressivmittel zum Zwecke der Vermeidung ungedeckter Schecks ermächtige, um ihnen dann in einem Atem die Berechtigung zu versagen, über diesen sehr erheblichen Umstand im Kontext des Schecks eine Notiz zu fordern. Angesichts eines sachlich so seriös genommenen Erfordernisses sei die zarte Fürsorge, Nichtigkeiten zu vermeiden, völlig unangebracht; ein Gesetz, das den Haager Beschlüssen gemäß redigiert wäre, würde Österreich und das Deutsche Reich vor einen ernsten Entschluß stellen. Zum Nachgeben in dieser Sache bestehe absolut kein Anlaß.

Der Versuch, die Guthabenklausel zu retten, ist von Österreich auf der Genfer Konferenz unternommen und von Deutschland zäh unterstützt worden; auch Jugoslawien setzte sich dafür ein. Freilich mußte man sich angesichts der Haager Erfahrungen von vornherein darauf beschränken, für die Klausel nur einen Vorbehalt zu fordern. — Auch diesmal „marschierten die bekannten Argumente wieder auf", jedoch um einige neue vermehrt: Gerade auf dem Gebiete der Formerfordernisse sei die volle Rechtseinheit dringendst geboten. Verlange man übrigens die obligatorische Erwähnung des Guthabenerfordernisses, so könne man mit demselben Rechte auch die Hervorhebung anderer, den Scheck als solchen charakterisierender Momente, z. B. daß er ein reines Sichtpapier ist, im Text der Urkunde fordern. — Die Zulassung eines Vorbehaltes bedeute übrigens eine eminente Gefahr für den internationalen Scheckverkehr; wer einen im Ursprungslande ob Fehlens der Guthabenklausel ungültigen Scheck im Auslande in Zahlung nehme, könne dadurch zu Schaden kommen. Andererseits dürfe man dem Verkehr nicht zumuten, sich stets gegenwärtig zu halten, daß es Länder gibt, in denen die Guthabenklausel Gültigkeitserfordernis ist.

Dagegen wurde von deutscher und österreichischer Seite eingewendet, daß nach den im Entwurf des internationalen Scheckprivatrechts vorgesehenen Regeln die Formerfordernisse des Schecks — zu denen auch die Guthabenklausel gehört — nach dem Rechte des Landes beurteilt werden, in dem der Scheck ausgestellt wurde; ja es genüge sogar die Beobachtung der Form, die das Recht des Zahlungsortes vorschreibt. Ein etwa von Frankreich nach Österreich gezogener, die fragliche Klausel nicht enthaltender Scheck wäre demnach auch für den österreichischen Gesetzesbereich gültig; ebenso ein solcher, in Deutschland oder Österreich ausgestellter, aber in Frankreich zahlbarer Scheck. — Dieser Argumentation hielt man entgegen, sie übersehe zunächst, daß die Staaten, die das einheitliche Scheckgesetz annehmen, nicht zugleich auch Vertragspartner des Abkommens über das internationale Scheckprivatrecht sein müssen. Aber auch eine Einschränkung der verlangten Reserve auf die im Inland ausgestellten und zugleich zahlbaren Schecks könne diese Bedenken nicht ausschalten; denn auch solche Schecks können ins Ausland gelangen; es bleibe also die Gefahr bestehen, daß auch bei dieser Einschränkung der Klausel als Gültigkeitsvoraussetzung nationaler Schecks der gutgläubige Nehmer geschädigt werde.

Auch die internationale Handelskammer warnte, insbesondere aus den zuletzt genannten Gründen, vor einer Reserve.

Die heißen Bemühungen des österreichischen Delegierten Dr. Sokal sowie des Führers der deutschen Delegation Quassowski blieben erfolglos. Es verdient betont zu werden, daß sich weder die Tschechoslowakei noch Ungarn, obwohl die Rechte beider Länder die Guthabenklausel vorgesehen haben, für die Reserve eingesetzt haben.

Bei der die lebhafte, fast einen Tag währende Debatte abschließenden Abstimmung blieb der österreichische Antrag mit 5 gegen 20 Stimmen in der Minderheit.

Angesichts der nahezu einmütigen Ablehnung der Klausel ist die Stellungnahme der Konferenz auch gegenüber dem Antrag auf Zulassung eines Vorbehaltes nicht unverständlich. Es wäre tatsächlich nicht nur ein arger Schönheitsfehler des ESG., wenn die Regelung der wesentlichen Formerfordernisse durch einen solchen Vorbehalt durchbrochen würde. Aber auch die Einwendungen, die gegen die Reserve aus dem Gesichtspunkt der Gefährdung des internationalen Scheckverkehrs erhoben wurden, lassen sich nicht kurzer Hand abweisen.

Bleibt die Frage, ob die Ablehnung des Vorbehalts mit der Nichtratifikation des Abkommens zu beantworten sein wird. Es dürfte schwer fallen, sie zu bejahen. Ohne die Berechtigung zu verkennen, welche die Guthabenklausel als Erziehungsmittel vielleicht zu der Zeit hatte, als die Österreichisch-ungarische Bank mit der Pflege des Scheckverkehrs in Österreich begann, darf man wohl annehmen, daß heute in den Kreisen, die für den Scheckverkehr überhaupt in Betracht kommen, der Begriff des Schecks in zwangsläufiger assoziativer Verbindung mit dem des Guthabenerfordernisses steht.

Bei der Entscheidung der vorhin gestellten Frage wird man aber auch nicht übersehen dürfen, daß die Guthabenklausel im österreichischen Scheckgesetz auch die weitere Bedeutung hatte, das materielle Deckungserfordernis an sichtbarster Stelle des Gesetzes zu verankern. Eine gewiß sehr glückliche Lösung, die es dem Gesetzgeber erleichterte, von einer Definition des Guthabens abzusehen und den ganzen Komplex von Problemen beiseite zu lassen, die mit der materiellen Gestaltung der Deckung sowie der Bedeutung des Scheckvertrages für diese Frage zusammenhängen. Nun aber hat das Einheitliche Scheckgesetz — gleich dem HE. — in einer eigenen Bestimmung das Erfordernis des Guthabens aufgestellt, so daß damit eine der Funktionen der Guthabenklausel, vielleicht die wichtigste, entfallen würde. Was aber die anderen der Klausel zugeschriebenen Funktionen betrifft, so wird man es wohl mit Beruhigung der Scheckklausel überlassen können, sie künftig allein zu erfüllen.

Der Generalbericht hebt ausdrücklich hervor, daß die Aufnahme der Guthabenklausel den Scheck nicht ungültig macht. Die Konferenz meinte überdies, es könnten die Länder, die an dieser Klausel hängen, dadurch auf ihre Beibehaltung hinwirken, daß sie die Banken durch geeignete Maßnahmen verhalten, die Klausel in ihre Scheckblankette aufzunehmen. Zu einer derartigen Bevormundung wird man sich jedoch — jedenfalls im österreichischen Gesetzbereich — umso weniger zu entschließen brauchen, als es ja die Banken, wenn sie auf die Klausel entscheidenden Wert legen, in der Hand haben, ihre Scheckblankette entsprechend einzurichten.

G u t h a b e n. Es würde den Rahmen dieses Berichtes sprengen, wollte man die Phasen des Streites wiedergeben, der in der Literatur um die Frage entbrannte, w i e das Guthaben beschaffen sein, w a n n es vorhanden sein muß (bei der Ausstellung oder erst bei der Präsentation des Schecks) und ob eine ausdrückliche Ermächtigung des Ausstellers zur Ziehung von Schecks (convention préalable) Voraussetzung für die Gültigkeit des Schecks ist. — Die Einstellung der Gesetzgebung und Wissenschaft zu diesen Fragen war in den einzelnen Ländern nicht dieselbe; begreiflich, daß in den Ländern, nach deren Recht die Ausstellung des Schecks zugleich den Übergang der Deckung auf den Schecknehmer bewirkt, ein strengerer Standpunkt hinsichtlich des Zeitpunktes, in dem die Deckung vorhanden sein muß, eingenommen wurde; desgleichen, daß die Forderung der „provision préalable“ in der Kinderzeit der Schecklegislative besonders stark betont wurde. Immer mehr setzte sich jedoch die Erkenntnis durch, daß das Guthaben nicht Selbstzweck, sondern nur Mittel ist, um die prompte Einlösung des Schecks, auf die es allein ankommt, zu sichern. So erfuhr auch das vorerwähnte Element des S c h e c k v e r t r a g e s, das als zweites Gültigkeitserfordernis neben dem Vorhandensein der Deckungswerte selbst fungiert, eine beträchtliche Wandlung. Von der durch C o h n aufgestellten, übrigens von ihm selbst später aufgegebenen Formel „Kein Scheck ohne Scheckvertrag“ blieb der Satz übrig „Keine Verpflichtung zur Einlösung des Schecks ohne Scheckvertrag“. Aber man ging noch darüber hinaus. P i s k o (Lehrbuch des österreichischen Handelsrechtes, S. 327) verpflichtet den Bezogenen auch ohne Scheckvertrag zur Einlösung, wenn nur der Aussteller gegen ihn eine fällige Forderung hat. Auch dem Handelsbrauch räumte man die Kraft ein, den Scheckvertrag zu ersetzen. M o s s a (a. a. O., S. 11) lehnt das Requisit der vorangegangenen Ermächtigung als gänzlich unbegründet ab, wenn der Aussteller beim Bezogenen ein Barguthaben besitzt; um aber auch eine ohne Guthaben und ohne jegliche Verpflichtung des Bezogenen zur Scheckeinlösung dennoch geleistete Zahlung vor dem Einwand der Nichtigkeit zu schützen, gelangt dieser Autor zur Konstruktion, in der Tatsache der Zahlung eine ex tunc wirkende Ermächtigung zur Scheckziehung zu erblicken.

Das österreichische Gesetz hat eine Definition des Guthabens nicht gegeben. Eine solche Definition müßte — wie die Motive sagen — „so allgemein gehalten sein, daß sie nur Selbstverständliches und Unbestrittenes aufnehmen könnte und für die Entscheidung des konkreten Falles daher wertlos wäre". Entscheidend sei, daß „der Bezogene auf Grund früher getroffener Vereinbarungen bis zum fraglichen Betrage Schecks des Ausstellers einzulösen verpflichtet ist, der Aussteller also mit voller Rechtskraft in der Form von Schecks über die bestimmte Summe beim Bezogenen verfügen darf."

Das deutsche Scheckgesetz (§ 3) definiert das Guthaben als „den Geldbetrag, bis zu welchem der Bezogene nach dem zwischen ihm und dem Aussteller bestehenden Rechtsverhältnisse Schecks einzulösen verpflichtet ist". Ein ungedeckter Scheck ist aber, ebenso wie nach österreichischem Recht, trotzdem gültig. Der Schutz des gutgläubigen Nehmers verbietet wohl von vornherein eine andere Lösung.

Der Haager Entwurf enthält die Bestimmung, daß Schecks nur auf Personen gezogen werden dürfen, „bei denen der Aussteller ein Guthaben hat und gemäß einer ausdrücklichen oder stillschweigenden Vereinbarung, wonach der Bezogene zur Zahlung des Schecks verpflichtet ist." Die Vertragsstaaten wurden ermächtigt, die zivilrechtlichen, strafrechtlichen und gebührenrechtlichen Folgen der unter Verletzung obiger Bestimmung erfolgten Ausstellung von Schecks zu regeln; keinesfalls aber darf die Sanktion in der Ungültigkeitserklärung solcher Schecks bestehen.

Diese Vorschriften gingen in den Expertenentwurf über.

Die Genfer Konferenz sah sich zunächst einem polnischen Vorschlag gegenüber, der — mit der Begründung, daß eine gegenteilige Vorschrift doch nur lex imperfecta bleiben könne —, darauf hinausging, in das ESG. Bestimmungen über das Guthaben überhaupt nicht aufzunehmen.[24]) Die skandinavische Staatengruppe setzte sich für diesen Antrag ein, verlangte aber die Aufnahme einer Verpflichtung der Vertragsstaaten in das einheitliche Gesetz, die Aus-

[24]) Das polnische Gesetz enthält tatsächlich keine direkte Bestimmung über das Guthaben.

stellung ungedeckter Schecks unter Strafsanktion zu stellen.

Der polnische Vorschlag drang nicht durch, da die überwiegende Mehrheit der Meinung war, es müsse das Deckungserfordernis als das den Scheck in erster Linie charakterisierende Moment Aufnahme im Gesetz selbst finden. Darauf konnten die Länder, deren Recht die Guthabenklausel vorsieht, mit erhöhtem Nachdruck bestehen, wobei von deutscher Seite noch darauf hingewiesen wurde, daß eine Vorschrift dieser Art schon zur Begründung allfälliger Schadenersatzansprüche gegen den Aussteller — Schutzgesetz, § 823 BGB. — notwendig sei.

Die Konferenz hat die Fassung des Expertenentwurfes — mit leichten Änderungen — angenommen (Art. 3). Hauptsächlich um die Auslegung zu vermeiden, als müsse jeder einzelnen Scheckziehung eine den Aussteller hiezu ermächtigende Vereinbarung vorausgehen, spricht das ESG. von einer Vereinbarung, „wonach der Aussteller berechtigt ist, über das Guthaben mittels Scheckziehung zu verfügen".

Daß durch diese Fassung außer dem Guthaben noch der Scheckvertrag gefordert wird — für den Bereich des österreichischen Gesetzes formell jedenfalls eine Neuerung; ob im § 3 des deutschen Scheckgesetzes schon das Erfordernis des Scheckvertrages liegt, ist im Schrifttum nicht unbestritten — ist von geringer Bedeutung. Denn abgesehen von der Elastizität der Norm, die auch stillschweigende Scheckverträge anerkennt, spricht das Einheitliche Scheckgesetz im Schlußsatze seines Artikels 3 ausdrücklich aus, daß die Gültigkeit des Schecks durch Nichtbeachtung der Vorschriften über das Guthaben nicht berührt wird.

Der italienische Antrag, Schecks, die unter Verletzung der erwähnten Vorschriften ausgestellt wurden, nur hinsichtlich des gutgläubigen Erwerbers gültig sein zu lassen, fand keinen Anklang, weil man davor zurückscheute, denselben Scheck bald als gültig, bald als ungültig, je nach dem Umstande zu behandeln, ob der Inhaber gut- oder bösgläubig ist.

Hinsichtlich der Frage, worin das Guthaben bestehen kann, war die Haager Konferenz nach dem Zeugnisse ihres Generalberichtes (Actes 1912, I, S. 195) einstimmig der Meinung, daß ein Guthaben auch dann vorliegt, wenn der Bezogene dem Aussteller einen Kredit eröffnete, sowie überhaupt in allen Fällen, wo dem Aussteller gegen den Bezogenen eine créance de somme d'argent liquide et exigible zusteht. — Dies entsprach auch der Auffassung der Genfer Konferenz.

Die Fassung des Artikels 3 läßt nach Ansicht der Konferenz die Frage offen, in welchem Zeitpunkt das Guthaben vorhanden sein muß. Da die Meinungen darüber geteilt waren

(Deutschland, Österreich, England und eine Reihe anderer Länder hielten das Vorhandensein der Deckung im Augenblick der Präsentation des Schecks für ausreichend, ebenso seinerzeit die Haager Konferenz), wurde es der nationalen Gesetzgebung überlassen, diesen Zeitpunkt festzusetzen (Artikel 5 des Anhanges II). Dieser Frage kommt kaum mehr als akademische Bedeutung zu. Denn an zivil- oder strafrechtlichen Reaktionen besteht, wenn der Scheck tatsächlich bezahlt wurde, kein Interesse. In Betracht kommt höchstens das fiskalische Moment und auch dies nur für Länder, deren Gebührenbehörden, wie es in Frankreich der Fall zu sein scheint, Schecks, obgleich sie eingelöst wurden, nicht als Schecks behandelt, wenn zur Zeit der Ausstellung die Deckung noch nicht vorhanden war.

Für die künftige Gestaltung des österreichischen Scheckrechtes wäre noch die Frage zu erörtern, ob die Bestimmung des § 14 österreichisches Scheckgesetzes aufrecht zu erhalten sein wird. Der darin ausgesprochene Grundsatz, daß der Bezogene dem Aussteller nach Maßgabe des zwischen ihnen bestehenden Vertragsverhältnisses für die Einlösung des Schecks haftet — dem deutschen Rechte fehlt eine solche Vorschrift —, dürfte ausdrücklicher gesetzlicher Anerkennung umsoweniger bedürfen, als er sich von selbst versteht; überdies hebt Artikel 3 ESG. das Erfordernis vertraglicher Ermächtigung des Ausstellers zur Scheckziehung besonders hervor, wobei naturgemäß der Emächtigung des Ausstellers auf Seite des Bezogenen die Verpflichtung zur Einlösung gegenübersteht. Desgleichen wird kaum ein Zweifel darüber bestehen können, daß der die Zahlung ablehnende Bezogene dem Aussteller nicht haftbar wird, soweit das Gesetz selbst — dies ist der weitere Inhalt des § 14 — den Bezogenen von der Pflicht zur Einlösung befreit.

Passive Scheckfähigkeit. Daß „der Scheck nur durch Konzentration bei den berufsmäßigen Stellen der Geldansammlung und des Geldumlaufes und nur im Zusammenhang mit einem großen Systeme von Zahlungen mittels Gutschrift die finanziellen und volkswirtschaftlichen Zustände zeitigen kann, deren wegen man ihn begünstigt“ (Klein, a. a. O., S. 13), war schon auf der Haager Konferenz allgemeine Überzeugung. Daraus die vollen Konsequenzen für die gesetzgeberische Regelung zu ziehen, die passive Scheckfähigkeit also nur den Banken zuzusprechen, hat die Haager Konferenz jedoch unterlassen. Artikel 5 der Haager Beschlüsse stellt zwar den Grundsatz auf, daß Schecks nur auf Bankiers gezogen werden, durchbricht ihn aber sofort durch eine Reserve, die den

Vertragsstaaten nicht nur gestattet, die passive Scheckfähigkeit auch verwandten Berufsgruppen zuzuerkennen, sondern sie überhaupt unbeschränkt zu lassen. Und, was noch mehr ins Gewicht fällt, man verbot — im Interesse der Sicherheit des Scheckverkehrs — den Ländern, welche die passive Scheckfähigkeit den Bankiers vorbehalten, Schecks unter Nichtigkeitsdrohung zu stellen, die auf andere Personen gezogen sind. Wohl aber wurde den Vertragsstaaten die Möglichkeit eingeräumt, die Ausstellung solcher Schecks durch straf- und gebührenrechtliche Maßnahmen zu treffen.

Diese Regelung entsprach dem Rechtszustand in Deutschland, nicht aber dem österreichischen Scheckgesetz, das nicht auf Bankiers gezogene Schecks als solche für nichtig erklärt (§ 2, Abs. 2).

„Klein (a. a. O., S. 13 ff.) gibt zu bedenken, daß Rechtssätze, „die schon gebrechlich und knochenweich auf die Welt kommen" — fiskalische und strafrechtliche Sanktionen haben niemals die Kraft der Nullitätssanktion — rasch jede prohibitive Wirkung verlieren. Die väterliche Fürsorge für den Remittenten sei ganz fehl am Ort. Der österreichische Gesetzgeber werde auf der geltenden Sanktion zu beharren haben.

Auf der Genfer Konferenz zeigte sich, daß der Gedanke der Einschränkung der passiven Scheckfähigkeit auf Bankiers mittlerweile an Boden gewonnen hat. Leider war es — angesichts der ungemein großen Verschiedenheit der nationalen Gesetzgebungen hinsichtlich dieses Punktes — nicht möglich, sich auf eine Definition des Bankiers zu einigen. Insbesondere von niederländischer Seite wurde auf Grenzfälle hingewiesen, wie z. B. die maisons d'arbitrage de fonds publics, die außer dem Arbitragegeschäft sich auch mit der Annahme von Depots befassen, ferner kaufmännische Unternehmen großen Stils, die durch die ganze Art und den Umfang ihres Betriebes zu gewissen Bankgeschäften hingedrängt werden usw. — Immerhin, es gelang der Konferenz, dem Vereinheitlichungsziele um einige Schritte näher zu kommen. Nicht nur, daß auch das ESG. die passive Scheckfähigkeit grundsätzlich auf Banken beschränkt (Art. 3 ESG.), — ein Privileg, das die Banken nach dem Worte des österreichischen Delegierten Dr. Sokal vollauf verdienen, weil sie eben die besten Arbeitsbedingungen mitbringen, — ist die aus dem Haager Entwurf übernommene Befugnis der Vertragsstaaten zur Gleichstellung gewisser Personengruppen an die Bankiers auf „Personen oder Einrichtungen eingeschränkt worden, die „en raison de la nature de leur activité" den Bankiers gleichgehalten werden können (Art. 29 des Anhanges II). Wer als Bankier anzusehen ist, bestimmt gleichfalls das Landesrecht.

In der Frage der Sanktion der Bestimmungen über die passive Scheckfähigkeit bestand Einmütigkeit darüber, daß die Vertragsstaaten strafrechtliche und gebührenrechtliche Maßnahmen treffen können, um das Ziehen von Schecks auf passiv scheckunfähige Personen zu verhindern. Dazu aber, die im Expertenentwurf (im Gegensatz zum Haager Entwurf) vorgeschlagene Nullitätssanktion, für die sich u. a. auch Österreich eingesetzt hat, in das ESG. aufzunehmen, konnte sich die Konferenz nicht entschließen. Eine derart strenge Rechtsfolge wäre — worauf insbesondere auch der Vertreter Deutschlands hinwies — geeignet, die Entwicklung des internationalen Scheckverkehrs zu unterbinden. Es könne dem Schecknehmer unmöglich zugemutet werden, die der passiven Scheckfähigkeit von den Gesetzen der einzelnen Länder gezogenen Grenzen zu kennen und sich in eine Prüfung einzulassen, ob diese Voraussetzungen beim Bezogenen auch wirklich zutreffen.

Ein Antrag der skandinavischen Staaten ging dahin, Schecks zwar als ungültig zu behandeln, wenn der Bezogene nicht passiv scheckfähig ist, dem Inhaber aber im Interesse der Verkehrssicherheit sein Regreßrecht zu erhalten, es sei denn, daß er wußte oder wissen mußte, daß dem Bezogenen die passive Scheckfähigkeit fehlt. Dieser Vorschlag, dessen Schwächen zutage liegen und der übrigens praktisch auf die vom Einheitlichen Scheckgesetz gewählte Lösung hinauskommt, fand keinen Anklang. Der englische Antrag, solche Schecks einfach als Sichtwechsel zu behandeln, ist für die Länder, deren Gesetz die Wechselklausel vorschreibt, undurchführbar.

Schließlich brachte ein italienischer Kompromißvorschlag eine allseits als annehmbar erklärte Lösung. Demnach bleibt es jedem Staat vorbehalten, — dies der Inhalt der Reserve des Artikels 4, Abs. 1, des Anhangs II — die in seinem Gebiete ausgestellten und zugleich zahlbaren Schecks nicht als Schecks gelten zu lassen, wenn dem Bezogenen die passive Scheckfähigkeit mangelt. Die Gefahren, die dem Scheckverkehr daraus erwachsen können, daß solche Schecks die Grenze verlassen und im Ausland in Zahlung genommen werden, sucht die Bestimmung des Artikels 3, Absatz 2, des Abkommens über das internationale Scheckprivatrecht abzuschwächen: Während sich die passive Scheckfähigkeit grundsätzlich nach dem Zahlungsorte bestimmt, sieht die erwähnte Bestimmung vor, daß die durch Unterzeichnung eines solchen Schecks übernommenen Verpflichtungen wirksam bleiben, wenn die Verpflichtungserklärung in einem Lande unterschrieben wurde, nach dessen Recht dem Scheck aus dem Gesichtspunkte der mangelnden Scheckfähigkeit des Bezogenen ein Nichtigkeitsgrund nicht entgegensteht.

Vom Standpunkte des österreichischen Rechtes kann der von der Konferenz gefundenen Lösung gewiß zugestimmt werden. Sie gestattet es jedem Staate, die Mittel zu wählen, die er für notwendig hält, um die Konzentrierung des Scheckverkehrs bei den Geldinstituten herbeizuführen. Länder, in denen der Scheckverkehr noch jüngeren Datums ist, werden — wie aller Voraussicht nach Jugoslawien und Polen — die schärfste Sanktion, die Nichtigkeitsdrohung, wählen. Hat hingegen ein Land nicht zu befürchten, daß der Scheckverkehr, sich selbst überlassen, Wege geht, die einer gesunden Entwicklung abträglich sind, so wird er keine oder höchstens leichtere, etwa fiskalische Sanktionen vorsehen. — Es muß rückhaltslos zugegeben werden, daß die Einführung der Nichtigkeitssanktion in das ESG. solange ein Mißgriff wäre, als die Voraussetzungen der passiven Scheckfähigkeit nicht für alle Vertragsstaaten einheitlich geregelt sind. Selbst dann aber wäre eine solche Maßnahme nicht ungefährlich, weil Name oder Firma des Bezogenen nicht immer sicheren Aufschluß darüber bieten können, ob die Merkmale der passiven Scheckfähigkeit im einzelnen Falle vorhanden sind.

Die Wirtschaftskreise werden darüber zu entscheiden haben, ob Österreich von der Möglichkeit, sein bisheriges Recht in dieser Beziehung aufrecht zu erhalten, Gebrauch machen soll. Es sei nur bemerkt, daß Deutschland seine gegenteilige Regelung aller Voraussicht nach nicht aufgeben wird, zumal trotz des liberaleren deutschen Regimes Unzuträglichkeiten nicht hervorgekommen sind.

Bezeichnung des Zahlungsempfängers. Das österreichische Scheckgesetz kennt gleich dem deutschen Scheckgesetz drei Arten von Schecks: den Namen-, Order- und Inhaberscheck (§ 3). Das Gesetz begünstigt den Inhaberscheck insoferne, als es sowohl den einer Bezeichnung des Remittenten entbehrenden, als den Scheck, der neben dem Namen des Zahlungsempfängers noch die Worte „oder Überbringer" enthält, als Inhaberscheck behandelt. — Das deutsche Gesetz weist gegenüber unserem Rechte eine Verschiedenheit insofern auf, als der Namenscheck indossierbar ist (§ 6), auch wenn er keine Orderklausel enthält.

Der HE. entspricht der deutschen Regelung.

Auf der Genfer Konferenz erfuhr die Frage der Remittentenbezeichnung im wesentlichen die gleiche Lösung. Es kann demnach als Zahlungsempfänger bezeichnet werden:

1. eine bestimmte Person mit oder ohne den ausdrücklichen Zusatz „an Order",

2. eine bestimmte Person mit dem ausdrücklichen Beisatz „nicht an Order" oder einen gleichbedeutenden Vermerk,

3. der Inhaber. — Der Namenscheck mit dem Zusatz „oder Inhaber", desgleichen der Scheck ohne Angabe eines Zahlungsempfängers gilt als Inhaberscheck (Art. 5).

Das italienische Gesetz sieht Schecks vor, die nicht einmal der Übertragung durch Zession zugänglich sind. Um Italien die Beibehaltung dieses Schecktypus zu ermöglichen, gestattet die Reserve 7 des Anhanges II der nationalen Gesetzgebung, vorzuschreiben, daß Schecks, die im eigenen Lande ausgestellt und zahlbar sind, wenn sie den Vermerk „nicht übertragbar" enthalten, nur dem Inhaber ausbezahlt werden dürfen, der sie mit diesem Vermerk erhalten hat.

Die einzige Änderung gegenüber dem österreichischen Rechte besteht darin, daß das ESG. die Girierbarkeit auch der nicht mit Orderklausel versehenen Namenschecks vorsieht. Diese Verschiedenheit ist gewiß nicht (vergl. auch Klein, a. a. O., Seite 20) sehr bedeutsam. Soweit in bestimmten Fällen ein Bedürfnis nach Schecks besteht, die der Indossierung unzugänglich sind, kann ihm durch Beisetzung der Rektaklausel genügt werden.

Schecks an eigene Order, Kommissionsschecks, trassiert-eigene Schecks. 1. Die schon im Haager Entwurf — übereinstimmend mit dem deutschen und ungarischen Scheckgesetz — vorgesehene Zulassung von Schecks an eigene Ordre begegnete keinem Widerstand.

2. Neu hingegen ist der Kommissionsscheck (Artikel 6, Absatz 2 — „le chèque peut etre tiré pour le compte d'un tiers"). Der Vorschlag ging von der niederländischen Delegation aus, die auf die erhebliche praktische Bedeutung dieser Einrichtung — die übrigens auch von englischer und französischer Seite bestätigt wurde — sowie darauf hinwies, daß das EWG. das analoge Institut der Kommissionstratte ausdrücklich regelt, das Schweigen des Einheitlichen Scheckgesetzes daher als argumentum e contrario gewertet werden könnte. Von Seite Deutschlands wurde die Zulassung solcher Schecks als dem Deckungserfordernis des Artikels 3 widerstreitend bekämpft; die deutsche Delegation hatte schon in der Debatte über die Guthabenklausel gegen den Kommissionsscheck insofern Stellung genommen, als sie es ge-

rade als eine der wohltätigen Funktionen der Klausel bezeichnete, Schecks auszuschließen, die nicht auf das Guthaben des Ausstellers selbst („aus meinem Guthaben"), sondern eines Dritten gezogen sind. — Diese Bedenken wurden im Laufe der Debatte insofern zerstreut, als von den Vertretern der Länder, die diesen Schecktypus pflegen, betont wurde, es sei selbstverständliche Voraussetzung, daß der Aussteller von dem Dritten zur Ziehung auf sein Guthaben ermächtigt wurde. Nach Mitteilung des englischen Delegierten gelten in England solche Schecks als chèques par procuration; um darüber volle Beruhigung zu schaffen, könne man — nach dem Muster der französischen Regelung der Komissionstratte — die Worte einfügen „par ordre" (et pour le compte d'autrui) oder „par autorisation". — Der niederländische Vorschlag wurde schließlich mit 12 gegen 7 Stimmen angenommen, und zwar in seiner ursprünglichen Fassung, weil die Konferenz der Meinung war, es sei selbstverständlich, daß solche Schecks nur nach eingeholter Ermächtigung gezogen werden dürfen, und weil es unzweckmäßig wäre, von der analogen Fassung des EWG. abzugehen.

Daß der Kommissionsscheck praktischen Bedürfnissen entgegenkommen kann, darf sicher nicht verkannt werden. Er gestattet jemandem, der an dem Orte, an dem er eine Zahlung zu leisten hat, keine Bankverbindung besitzt, durch Vermittlung seiner eigenen, mit der bezogenen in Geschäftsverbindung stehenden Bank diese Zahlung zu bewerkstelligen. Jedenfalls aber liegt der durch den Kommissionsscheck ermöglichte Zahlungsvorgang durchaus in der Richtung der überhaupt durch den Scheck zu fördernden Ziele. Daß im Falle des Kommissionsschecks der gleiche Endeffekt auch auf andere Weise erreicht werden kann, ist kein durchschlagender Einwand. — Übrigens ist für die Frage, ob der Kommissionsscheck auch in Deutschland in Gebrauch steht, eine Bemerkung des englischen Delegierten von Interesse, wonach es sich bei den meisten der auf London gezogenen Schecks um solche handelt, die von deutschen Banken für Rechnung der „Deutschen Bank" auf ein englisches Kreditinstitut gezogen werden.

Vom Standpunkt des österreichischen Rechtes verdient Hervorhebung, daß Canstein (Der Scheck nach dem österreichischen Scheckgesetz von 1906, S. 90) sogar unter der geltenden Guthabenklausel Kommissionsschecks für zulässig hält.

3. Trassiert-eigene Schecks sind in Österreich und Deutschland unzulässig. Die Begründung zum deutschen Scheckgesetz findet, daß ein Bedürfnis darnach nicht vorliegt. Anderer Meinung war die Haager Konferenz: der Generalbericht be-

tont ein solches Bedürfnis zwar hauptsächlich für den Verkehr zwischen Hauptanstalt und Filiale, läßt aber den trassiert-eigenen Scheck — auch bei Fehlen der distantia loci — ganz allgemein zu. Verboten wird er nur als Inhaberscheck wegen der Konkurrenz, die solche Schecks den Banknoten machen können.

Das jugoslawische und das polnische Scheckgesetz haben die Bestimmungen des H. E. übernommen.

Die Regelung, welche diese Frage auf der Genfer Konferenz gefunden hat, bedeutet vom Standpunkt der Vereinheitlichung einen Rückschritt. Die Einstellung der verschiedenen Delegationen zum Problem des trassiert-eigenen Schecks war jedoch derart divergierend, daß die Konferenz sich schließlich für das Regime voller Freiheit entschied.

Ein Vorschlag der skandinavischen Gruppe ging dahin, die Schecks außerhalb der Regelung durch das E. S. G. zu belassen, die vom Unterzeichner selbst zu zahlen sind; Schecks jedoch, die von einer Niederlassung auf eine andere Niederlassung desselben Unternehmens gezogen sind, sollen nicht in die erwähnte Kategorie fallen. Dem stand der niederländische Antrag gegenüber, den trassiert-eigenen Scheck unbeschränkt zuzulassen.

Wenn auch Einstimmigkeit darüber bestand, daß trassiert-eigene Schecks bei strenger juristischer Betrachtung selbst dann als Schecks kaum gelten können, wenn sie von der Hauptanstalt auf die Filiale gezogen werden, so hielt sich die Konferenz doch vor Augen, daß das EWG. den trassiert-eigenen Wechsel nicht als eigenen Wechsel, sondern als Tratte behandelt. Die dieser Regelung zugrundeliegende Auffassung entspreche jedenfalls kaufmännischer Denkweise [25]) weit mehr.

Wie der Vertreter Großbritanniens bemerkte, wäre es auf jeden Fall mißlich, den trassiert-eigenen Scheck, der den Banken bei Bewerkstelligung eigener Zahlung sehr gute Dienste leiste, zu untersagen, ob man ihn als Scheck gelten lassen wolle — die englische Rechtsprechung schwanke in dieser Frage — oder ihn sonst dulde, sei eine Frage zweiten Ranges.

Italien lenkte die Aufmerksamkeit der Konferenz auf die Traveller-Schecks, die zweifellos eine ungemein praktische Schöpfung des Verkehrs bedeuten. Im Haag habe man sie zwar nicht als Schecks behandelt; doch seien gegenwärtig

[25]) Vergl. auch Meyer: Weltscheckrecht II, S. 40, Fick a. a. O. S. 217.

neue Typen solcher Reiseschecks in Ausbildung begriffen, deren Entwicklung in die Richtung zum Scheck hin nicht unterbunden werden dürfe.

Von Seite Frankreichs wurde auf die Zweckmäßigkeit der von der Bank von Frankreich emittierten, auf Order gestellten, bei allen ihren Filialen zahlbaren Zirkularschecks hingewiesen. Beschränkungen des trassiert-eigenen Schecks seien nur aus dem Gesichtspunkte des Privilegiums der Notenbanken notwendig; dem würde — so auch die Meinung der belgischen und polnischen Delegation — durch das Verbot Rechnung getragen, trassiert-eigene Schecks auf den Inhaber zu stellen. — Von der belgischen und italienischen Delegation wurde das Problem der inflationistischen Wirkung des trassiert-eigenen Inhaberschecks aufgerollt. Es liege eine Gefahr für die Landeswährung darin, daß neben der legitimen, kontrollierten Notenzirkulation ein hybrider, unbeaufsichtigter Umlauf von Zahlungsmitteln stattfinde. Zweifellos werde durch solche Schecks die Herbeiführung einer Kreditinflation technisch begünstigt. Denn es genüge, daß die Banken, statt solche Schecks bar auszuzahlen, neue Schecks ausstellen. Diese Gefahren bestehen auch dann, wenn der Inhaberscheck von der Hauptanstalt auf die Filiale gezogen wird.

Die niederländische Delegation erklärte hingegen, im Interesse des Geschäftsverkehres mit den Kolonien auch auf den trassiert-eigenen Inhaberscheck nicht verzichten zu können; man könne Kolonialschecks nicht auf Order stellen, weil es in den Kolonien an Zivilstandesämtern und darum an der Möglichkeit fehle, den Überbringer verläßlich zu identifizieren.

In der Erwägung, daß selbst nach der Verkehrsauffassung der trassiert-eigene Scheck als Scheck nur behandelt wird, wenn er zwischen verschiedenen Niederlassungen desselben Unternehmens gezogen wird, beschloß die Konferenz, den trassiert-eigenen Scheck grundsätzlich nur für diesen Fall zuzulassen.

Um jedoch dem Wunsche nach voller Freiheit der Regelung entgegenzukommen, läßt die im Artikel 8 des Anhanges II aufgenommene Reserve den Vertragsstaaten die Möglichkeit offen, trassiert-eigene Schecks auch ohne obige Einschränkung zu gestatten. Weiters trägt die Reserve des Artikel 9 des Anhanges II den aus dem Gesichtspunkt der Währungspolitik erhobenen Bedenken dadurch Rechnung, daß sie den Landesgesetzgebungen gestattet, den auf Inhaber gestellten trassiert-eigenen Scheck zu verbieten, gleichviel, ob sonst in den in Betracht kommenden Ländern trassiert-eigene Schecks unbeschränkt oder nur im Verkehr zwischen zwei verschiedenen Niederlassungen desselben Unternehmens zugelassen werden.

Das ESG. zwingt somit die nationalen Gesetzgebungen lediglich zur Anerkennung des von einer Niederlassung auf eine andere Niederlassung desselben Unternehmens gezogenen Schecks. Für Österreich dürfte kaum ein Bedürfnis darnach vorliegen, von den Reserven Gebrauch zu machen, die eine Erweiterung des Anwendungsgebietes des trassiert-eigenen Schecks vorsehen. Hingegen scheint es sich aus den früher dargelegten Gründen zu empfehlen, Inhaberschecks, die vom Aussteller auf sich selbst gezogen werden, jedenfalls auszuschließen.

Domizilschecks. Nach österreichischem Recht ist, — wie die Motive zum Scheckgesetz sagen — der Domizilvermerk innerhalb des Spielraumes des § 4, Abs. 1, also bei Schecks auf Firmen mit mehreren Etablissements, nicht ausgeschlossen. Sonst wird die Domizilierung durch die Regel des § 4, Abs. 3, zu Gunsten des Geschäftssitzes des Bezogenen entkräftet. Der österreichische Gesetzgeber war der Meinung, daß — abgesehen von der Verteuerung und von der Frage, wer die daraus erwachsenden Kosten zu tragen hätte — die Geneigtheit, Scheckauszahlungen zu übernehmen, gemindert würde, wenn der Bezogene zur Zahlung an jedem beliebigen Orte genötigt werden könnte.

Das deutsche Scheckgesetz steht auf demselben Standpunkt; während jedoch der Entwurf von 1892 die mit Domizilvermerk versehenen Schecks noch als nichtig erklärte, begnügt sich § 5 des geltenden Gesetzes damit, die Angabe eines anderen als des beim Namen des Bezogenen angegebenen Ortes als Zahlungsortes pro non scripta zu behandeln.

Der H. E. enthält dieselbe Regelung.

Anders der Expertenentwurf, der die Bestimmungen des Artikel 4 EWG. auch für den Scheck übernimmt. Demnach kann der Scheck auch bei einem Dritten, sei es am Wohnorte des Bezogenen oder an einem anderen Orte, zahlbar gestellt werden, allerdings nur unter der Voraussetzung, daß der Domiziliat Bankier ist.

In diesem Zusammenhang muß erwähnt werden, daß der Begriff der Domizilierung kein international einheitlicher ist. Während die deutsche Wechselordnung von Domizilierung spricht, wenn im Wechsel ein vom Wohnort des Bezogenen verschiedener Zahlungsort angegeben ist, bezeichnen andere

Wechselgesetze, insbesondere das französische, Wechsel als domiziliert, die bei einer vom Bezogenen verschiedenen Person zahlbar gestellt sind. Aus diesem Grunde hat die Genfer Wechselrechtskonferenz den Ausdruck „Domizilwechsel" vermieden.

In Genf begegnete die Zulassung von Domizilschecks (im Sinne des früher erwähnten Artikels 4 EWG.) Bedenken nur von Seite Deutschlands und Jugoslawiens: Die Domizilierung sei überflüssig, weil nach dem E. S. G. ohnehin nur Bankiers oder ihnen gleichzuhaltende Personen passiv scheckfähig sind. Andererseits aber sei die Zulassung des Domizilvermerkes geeignet, das Deckungserfordernis des Artikel 3 abzuschwächen; denn der Aussteller beweise gerade durch die Domizilierung, daß er bei demjenigen, der den Scheck einlösen soll, kein Guthaben besitze.

Dagegen wurde seitens der niederländischen Delegation geltend gemacht, die Konferenz habe durch Zulassung des Kommissionsschecks anerkannt, daß es Fälle legitimen Bedürfnisses gibt, in denen das Ziehen von Schecks auf Guthaben zugelassen werden muß, über die der Aussteller kein unmittelbares Verfügungsrecht hat. Es wäre auch kaum zu verstehen, warum man es etwa einem deutschen Geschäftsmann, der in London eine Zahlung zu leisten hat, verwehren sollte, auf seine deutsche Bank in Pfund zu ziehen und den Scheck bei einer Londoner Bank zahlbar zu stellen; die deutsche Bank werde in solchen Fällen dem Londoner Institut, bei dem sie ihr Guthaben hat, den Auftrag zur Einlösung des Schecks geben. — Die dänische Delegation verwies auf die in den skandinavischen Staaten bestehende Übung der Provinzkaufleute, Zahlungen in der Hauptstadt in der Weise zu leisten, daß sie auf ihre Provinzbank ziehen und den Scheck bei einer mit dieser in Geschäftsverbindung stehenden Bank in der Hauptstadt zahlbar stellen, wobei die Provinzbank auf dem Scheck die Echtheit der Unterschrift und das Vorhandensein der Deckung bestätigt.

Von Seite Italiens und Portugals wurde die Zulassung von Domizilschecks im Interesse der Zahlungen gefordert, die von den Auswanderern zu Gunsten ihrer Angehörigen im Heimatlande im Wege der südamerikanischen Banken unter Domizilierung der Schecks bei einer Bank des Heimatlandes geleistet werden.

In Frankreich wurde 1917 ein Gesetz erlassen, das dem Bezogenen die Domizilierung von Schecks bei der Bank von Frankreich oder einer ihrer Zweiganstalten selbst gegen den

Willen des Inhabers gestattet. Schon wegen der hiedurch begünstigten Konzentrierung des Scheckverkehrs bei den Notenbanken soll der Domizilscheck nach Ansicht der französischen sowie der englischen Delegation zugelassen werden.

Gründe genug für die Konferenz, sich im Sinne des Expertenentwurfes für die Zulässigkeit der Domizilierung von Schecks auszusprechen (Art. 8 ESG.). Der Domiziliat muß aber Bankier oder eine ihm gleichzuhaltende Person sein; entspricht der Domizilvermerk dieser Bedingung nicht, so hat er — nach einstimmiger Meinung der Konferenz — als nicht geschrieben zu gelten. — Auf Wunsch der Niederlande wird durch einen Vorbehalt (Artikel 10 des Anhanges II) den Vertragsstaaten erlaubt, Schecks auch auf Personen zahlbar zu stellen, die der früher erwähnten Voraussetzung nicht entsprechen.

Nach Ansicht der österreichischen Geschäftskreise ist in Österreich ein Bedürfnis nach Domizilierung von Schecks nicht hervorgetreten; es bestehe aber kein Grund, einer künftigen Entwicklung durch prohibitive Normen den Weg zu verlegen.

Der Bericht des Redaktionsausschusses anerkennt noch ausdrücklich die in manchen Ländern bestehende Übung, wonach der Bezogene auf dem Scheck eine Reihe von Stellen angibt, bei denen der Scheck zur Einlösung gelangen kann (so auch die Begründung zum deutschen Scheckgesetz). Solche Zahlstellen gelten jedoch nicht als Zahlungsort in dem Sinne, daß bei Ablehnung der Zahlung dort auch Protest erhoben werden könnte.

Zinsklausel. Das österreichische hat ebenso wie das deutsche Scheckgesetz und der Haager Entwurf die Zinsklausel weder unmittelbar noch durch Bezugnahme auf die wechselrechtlichen Vorschriften geregelt. Für den österreichischen Gesetzesbereich ist Beißer (Scheck und Wechsel, 1906, S. 21) wohl mit Recht der Meinung, daß ein Zinsversprechen den Scheck ungültig macht. Das EWG. hat das Zinsversprechen für Sicht- und Zeitsichtwechsel zugelassen. Trotz der Analogie zwischen Scheck und Sichtwechsel war die Genfer Konferenz der Meinung, daß schon im Hinblick auf die Natur des Schecks als Zahlungsinstrumentes und auf die Kürze der Vorlagefristen zur Anerkennung des Zinsversprechens kein Anlaß vorliege. Im Interesse der Vermeidung von ungültigen Schecks hat man jedoch (Artikel 7 ESG.) die Zinsklausel, nach dem Beispiele des jugoslawischen Scheckgesetzes, einfach als nicht geschrieben behandelt.

Blankoschecks. Anders als die Haager Konferenz

hielt es die Genfer Wechselrechtskonferenz, trotz der dagegen insbesondere aus dem Gesichtspunkt möglichen Mißbrauchs erhobenen Einwendungen, für geboten, die Frage des Blankowechsels, der in einer Reihe von Ländern stark im Gebrauch ist, zu regeln. Gemäß Artikel 10 EWG. kann, wenn ein bei seiner Begebung unvollständiger Wechsel den getroffenen Vereinbarungen zuwider ausgefüllt wurde, die Nichteinhaltung dieser Vereinbarungen dem Inhaber nicht entgegengesetzt werden, es wäre denn, daß er den Wechsel im bösen Glauben erworben oder beim Erwerb eine grobe Fahrlässigkeit begangen hat. — Hiemit wird zunächst die Möglichkeit anerkannt, die Urkunde durch den Remittenten vervollständigen zu lassen und damit zu einem gültigen Wechsel zu machen. Sodann dient die Vorschrift dem gutgläubigen Dritten in den Fällen, in denen der Wechsel, sei es vom ersten oder einem späteren Nehmer, vertragswidrig ausgefüllt wurde.

Gegen den Antrag, diese Regelung — schon um die Entwicklung der Reiseschecks nicht zu verhindern, worauf besonders die italienische Delegation hinwies — in das ESG. aufzunehmen, wurde außer den schon seinerzeit erhobenen Bedenken insbesondere von deutscher Seite auf die Gefahr hingewiesen, daß dadurch die Bestimmungen über das Guthabenerfordernis und ein allfälliges Verbot der Vordatierung von Schecks in ihrer Wirksamkeit beeinträchtigt werden könnten.

Trotzdem entschloß sich die Konferenz, schon um des Schutzes des gutgläubigen Nehmers willen, dem Antrage Folge zu geben[26]) (Artikel 13 ESG.). Gleich wie dies für den Bereich des EWG. geschah, hat auch die Scheckkonferenz die Staaten, die vor der gesetzlichen Anerkennung solcher Blankourkunden zurückscheuen, durch den in dem Artikel 11 des Anhangs II enthaltenen Vorbehalt ermächtigt, von der Aufnahme der Vorschriften über den Blankoscheck in ihre Landesgesetze abzusehen.

Sofern Österreich in Betracht kommt, — dem deutschen Rechte ist eine der österreichischen Ministerialverordnung vom 6. Oktober 1853 entsprechende Bestimmung fremd — bezweifelt Beißer (a. a. O., S. 8, 9) die Anwendbarkeit der bezogenen Verordnung für den Bereich des Scheckgesetzes. Ein Bedürfnis, unausgefüllte Schecks in Verkehr zu bringen, sei kaum anzuerkennen. In Frage kämen beim Scheck von vornherein nur Datum und Summe. Das Offenlassen

[26]) Für die Blankoschecks haben sich ausgesprochen u. a. Meyer (Weltscheckrecht II, S. 35, Anm. 1).

des Ausstellungstages verstoße gegen das Gesetz; was aber die Schecksumme anlange, sei ein Scheck ohne Angabe des Betrages zur Zirkulation von vornherein nicht geeignet. Immerhin werde die Praxis im Interesse des gutgläubigen Nehmers die Einwendung des im Regreßwege belangten Ausstellers, daß zur Begebungszeit die Angabe der Schecksumme fehlte, nur im Rahmen der exceptio doli für statthaft erklären.

Bei dieser von Beißer zutreffend dargestellten Rechtslage würde für Österreich die Übernahme des Artikels 13 ESG. sachlich keine Neuerung bedeuten. Ihre Aufnahme wird schon deshalb nicht zu umgehen sein, weil für den Bereich des Wechselrechtes die dem österreichischen Rechte im Wesentlichen entsprechende Vorschrift des EWG. über Blankowechsel jedenfalls für anwendbar erklärt werden wird.

Für die Frage, ob Deutschland sich dazu entschließen wird, die Genfer Bestimmungen über den Blankowechsel und den Blankoscheck in sein Recht einzuführen, ist von Bedeutung, daß auch die reichsgerichtliche Rechtssprechung — wenigstens soweit der Blanko**wechsel** in Betracht kommt — im Wesentlichen zu gleichen Ergebnissen gelangt ist.

Annahme, Zertifizierung, Bestätigung und Vidierung des Schecks. „Der Scheck ist nicht Kreditinstrument; der Bezogene hat zu zahlen, nicht zu versprechen.“ Der Scheck soll im Vertrauen auf den **Aussteller** genommen werden. Der H. E. hat darum übereinstimmend mit dem deutschen und österreichischen Scheckgesetz die Annahme des Schecks untersagt und einen auf den Scheck gesetzten Annahmevermerk als nicht geschrieben erklärt. Die Zulassung der Annahme des Schecks würde nicht nur das Erfordernis der Deckung abschwächen, sondern auch zur Folge haben, daß der Verkehr den akzeptierten Scheck bevorzugen würde. — Trotz dieser grundsätzlichen Einstellung hat jedoch der H. E., um den Ländern entgegenzukommen, in denen die Zertifizierung, Vidierung u. dgl. akzeptähnliche Vermerke üblich sind, den Landesgesetzgebungen gestattet, die Annahme des Schecks zuzulassen und deren Wirkungen zu regeln.

Auf der Genfer Konferenz bestand volle Übereinstimmung über die Notwendigkeit, an dem Annahmeverbot festzuhalten. Desgleichen darüber, daß dieser die Natur des Schecks wesentlich mitbestimmende Grundsatz im Gesetz selbst seinen Platz finden müsse; ein gegenteiliger Antrag der **Nordstaaten** wurde daher abgelehnt.

Wie schon im Haag zeigte sich auch in Genf, daß in den einzelnen Ländern eine einheitliche Meinung über die Bedeutung der Zertifikation, Bestätigung usw. nicht besteht, diese Fragen daher zur Entscheidung noch nicht reif sind. Was insbesondere die Zertifizierung betrifft, lag ein Antrag der früher genannten Staaten vor, der dahin ging, die Zertifizierung im Gesetze, und zwar in dem Sinne zu regeln, daß ein Vermerk dieser Art den Bezogenen verpflichtet, den während der Vorlagefrist präsentierten Scheck — selbst im Falle des Konkurses des Ausstellers — einzulösen. Man wendete dagegen jedoch ein, daß eine solche Zertifizierung dem Akzept zu nahe komme; weiters daß eine der dem Vorschlag zugrundeliegenden Absichten, nämlich das Guthaben während der Präsentationsfrist zu blockieren, einfacher dadurch erreicht werden könne, daß man den Scheck für unwiderruflich erklärt.

Von deutscher und österreichischer Seite wurde die Aufmerksamkeit der Konferenz auf den sogenannten Bestätigungsvermerk des deutschen und des österreichischen Noteninstitutes [27]) gelenkt: durch diesen Vermerk wird die Bank dem Indossanten und dem Aussteller gegenüber zur Einlösung verpflichtet, wenn der Scheck innerhalb von zehn Tagen nach der Ausstellung präsentiert wird; diese Pflicht besteht auch, wenn der Aussteller mittlerweile in Konkurs geriet. Die Reichsbank hat im Jahre 1930 Schecks im Gesamtbetrage von 1500 Millionen Reichsmark bestätigt. Angesichts der Bedeutung dieser Einrichtung für den deutschen Scheckverkehr beantragte die deutsche Delegation, es möge durch eine Reserve dafür gesorgt werden, daß der Bestätigungsvermerk der Notenbanken beibehalten werden kann. Diesem und einem gleichgerichteten Wunsche Frankreichs, wo ähnliche Einrichtungen (Vidierung von Schecks durch die Bank von Frankreich) bestehen, trägt der Vorbehalt des Artikels 6 (Anhang II) Rechnung. Demnach kann die Landesgesetzgebung zulassen, daß der Bezogene den Scheck zertifiziert, bestätigt, vidiert oder mit anderen gleichbedeutenden Erklärungen versieht — vorausgesetzt, daß diesen Erklärungen nicht die Bedeutung einer Annahme zukommt — und die Rechtsfolgen solcher Vermerke regeln. Der Ausschußbericht bemerkt, die Bestätigung von Schecks durch die Reichsbank unterscheide sich von der Annahme dadurch, daß die Verpflichtung zur Einlösung auf die Dauer der Präsen-

[27]) Vergl. für Österreich die Vdg. vom 26. Okt. 1918, RGBl. Nr. 382.

tationsfrist beschränkt ist, Deutschland könne daher zufolge der Reserve an dieser Einrichtung festhalten.

Dasselbe gilt für den Bestätigungsvermerk der österreichischen Nationalbank. Gegen eine Erweiterung dieser Möglichkeit haben sich die österreichischen Wirtschaftskreise mit Recht ausgesprochen. Schon der Motivenbericht zum österreichischen Scheckgesetz war der Meinung, daß einstweilen von einer gesetzlichen Regelung dieser Materie abzusehen und es dem Verkehr zu überlassen sei, sich mit derartigen Einrichtungen zu befreunden. Das Bedürfnis nach gesetzlicher Regelung sei um so geringer, als der Zertifizierung „gesetzliche oder rechtliche Hindernisse nicht im Wege stehen und die bewußte oder doch schuldbare Verletzung der Wahrheit bei Abgabe solcher Erklärungen, auch ohne Sondervorschrift, unter der Sanktion der Schadenshaftung stehe."

Abweichungen in den Summenangaben. Artikel 9 ESG. bestimmt im Einklang mit dem H. E. sowie dem EWG., daß bei Abweichungen in der Angabe der in Buchstaben und Ziffern ausgedrückten Schecksumme der kleinere Betrag maßgebend ist. Diese Regelung entspricht dem österreichischen und deutschen Scheckgesetz.

Selbständigkeit der einzelnen Scheckverpflichtungen. Trägt der Scheck Unterschriften von Personen, die eine Scheckverbindlichkeit nicht eingehen können, gefälschte Unterschriften, Unterschriften erdichteter Personen oder Unterschriften, die aus irgend einem anderen Grunde keine Verbindlichkeit für die Personen begründen, die unterschrieben haben oder mit deren Namen unterschrieben worden ist, so hat dies auf die Gültigkeit der übrigen Unterschriften keinen Einfluß (Artikel 10 ESG.). Diese Vorschrift bringt eine allgemeine Formulierung des im deutschen und österreichischen Recht anerkannten Grundsatzes von der Selbständigkeit der einzelnen Scheckverpflichtungen.

Falsus procurator; Überschreitungen der Vertretungsbefugnis. Wie nach deutschem und österreichischem Recht (Artikel 95 W. O.) haftet gemäß Artikel 11 ESG. — ebenso Artikel 7 H. E. und Artikel 8 EWG. — der falsus procurator scheckmäßig; dasselbe gilt für den Vertreter, der seine Vertretungsbefugnis überschritten hat. Soweit diese Personen den Scheck eingelöst haben, stehen ihnen dieselben Rechte zu wie denjenigen, für die sie gehandelt haben.

Haftung des Ausstellers. Der Aussteller haftet gemäß Artikel 12 ESG. für die Zahlung des Schecks.

Diese Norm folgt zwingend aus der Natur des Schecks (Artikel 15 österr. und deutschen Scheckgesetzes) und aus der Ablehnung der Möglichkeit eines Akzeptes.

Eine andere Frage ist, ob die Haftung eine zwingende zu sein hat, oder ob sie der Aussteller durch eine entsprechende Klausel („ohne Obligo") ausschließen kann. Diese Frage verneint — gleich dem österreichischen und deutschen Scheckgesetz — vgl. § 15 a contrario) das ESG. Es läßt jedoch in dem Falle, daß der Aussteller seiner Unterschrift eine solche Klausel beisetzt, den Scheck nicht ungültig werden; die Klausel gilt einfach als nicht geschrieben (ebenso der H. E., das jugoslawische Scheckgesetz und das EWG.) Das österreichische und das deutsche Scheckgesetz haben diese Frage nicht ausdrücklich behandelt. Gegen die Lösung des ESG. — sie wurde auf der Wechselkonferenz 1930 von mehreren Seiten als unbillig bezeichnet, weil sie den Aussteller trotz seiner ausdrücklichen gegenteiligen Erklärung haften lasse — haben die österreichischen Wirtschaftskreise anläßlich der Begutachtung des Expertenentwurfes, der dieselbe Regelung vorgeschlagen hat, Bedenken nicht erhoben.

Übertragung des Schecks. Gemäß Artikel 14 ESG. sind Schecks, die als Zahlungsempfänger eine bestimmte Person bezeichnen, durch Indossament auch dann übertragbar, wenn die Orderklausel fehlt. Sind jedoch solche Schecks mit der Rectaklausel versehen, so können sie nur in der Form und mit der Wirkung einer Zession übertragen werden (ebenso der H. E. und der Entwurf der Experten). Die Form des Vollindossamentes sowie des Biankoindossamentes, ferner das Prokuraindossament sind in den Artikeln 15, 16 und 23 ESG. in derselben Weise geregelt wie im österreichischen und deutschen Rechte; desgleichen im Artikel 17 die Transport- und Garantiewirkung des Indossaments.

Der Indossant kann durch eine entsprechende Klausel seine Haftung (ebenso § 15 deutschen und österreichischen Scheckgesetzes) völlig, oder durch das Verbot weiterer Indossierung gegenüber seinen Nachmännern, ausschließen (Artikel 18 ESG.; ebenso der H. E., der Entwurf der Experten und Artikel 15 EWG.).

Teilindossamente sind, wie nach österreichischem Recht, nichtig (Artikel 15, Abs. 2, ESG.).

Als Indossatar können auch der Aussteller sowie die anderen Scheckverpflichteten (ebenso Artikel 11 EWG.) mit der Wirkung bezeichnet werden, daß diese Personen den Scheck weiter indossieren dürfen. Das Indossament an den

Bezogenen gilt, wie nach § 6, Abs. 4, österreichischen und § 8 deutschen Scheckgesetzes, lediglich als Quittung, es sei denn, daß der Bezogene mehrere Niederlassungen hat und der Scheck an eine andere als jene Niederlassung giriert wird, auf die er gezogen ist. Damit wird es der nicht bezogenen Niederlassung ermöglicht, den Scheck wenigstens zu eskomptieren (vgl. Haager Konferenz, Actes I, 1912, Seite 227).

Das Indossament des Bezogenen ist, weil es in seinen Wirkungen einer Annahme des Schecks gleichkäme, — wie nach österreichischem und deutschem Recht — stets nichtig (Artikel 15, Abs. 3, ESG.).

Das Indossament an den Inhaber wurde vom H. E. und von den Experten als nichtig behandelt. Um jedoch die Übereinstimmung mit dem EWG. herbeizuführen, ist diese Bestimmung von der Konferenz dahin geändert worden, daß ein solches Indossament als Blankoindossament zu behandeln ist (Artikel 15, Abs. 4, ESG.). Damit kommt man dem vermutlichen Parteiwillen am nächsten, ohne daß dadurch der Scheck aufhören würde, Orderpapier zu sein.

Das auf den Inhaberscheck gesetzte Indossament ist nach österreichischem Recht (§ 6, Abs. 2) unwirksam. Nach Ansicht der Motive besteht bei dem Inhaberscheck kein Bedürfnis nach Indossierung. Es hätte hier nur Bedeutung, sofern dadurch Mithaftende geschaffen würden; dazu sei aber das Indossament, dessen Hauptberuf die Übertragung ist, kaum die richtige Form.

Im Haag ging man hingegen von der Meinung aus, der in der Indossierung liegende, auf Übernahme einer Haftung zielende Parteiwille müsse Beachtung finden. Artikel 9, Abs. 4, H. E., behandelt darum das Indossament auf dem Inhaberscheck zwar nicht als echtes Indossament — denn dadurch würde der Scheck in einen Orderscheck verwandelt —, wohl aber als Bürgschaftserklärung.

Der Expertenentwurf hat ein solches Indossament ebenfalls als Übernahme einer Scheckbürgschaft gewertet. Nach deutschem Scheckgesetz (§ 15, Abs. 2) haftet in solchem Falle der Indossant dem Inhaber für die Einlösung des Schecks.[28] Diese Regelung ist auf Antrag der Schweiz in das ESG. (Artikel 20) übernommen worden; demnach macht das auf den Inhaberscheck gesetzte Indossament den Indossanten nach Maßgabe der Bestimmungen über den Regreß haftbar. Der

[28]) Nach der überwiegenden Meinung des Schrifttums steht ihm, falls er den Scheck einlöst, der Regreß zu.

Vorteil dieser Regelung liegt darin, daß der Indossant, wenn er den Scheck einlöst, die Möglichkeit hat, auch gegen andere derartige Indossanten Rückgriff zu nehmen.

Das Bedenken, daß durch eine solche Behandlung des Indossamentes der Inhaberscheck in einen Orderscheck verwandelt und dadurch dem Zahlenden gegen den Willen des Ausstellers eine strengere Legitimationsprüfung auferlegt würde, beseitigt das Gesetz durch die ausdrückliche Vorschrift, daß der Scheck durch ein solches Indossament nicht in einen Orderscheck verwandelt wird; zur Legitimation ist somit auch fernerhin der bloße Besitz des Schecks ausreichend.

Eine längere Debatte entspann sich über den französischen Antrag, im ESG. den Grundsatz auszusprechen, daß nur der Aussteller die Art der Übertragung des Schecks bestimmt. Die Konferenz war der Meinung, daß hinsichtlich der Übertragungsmöglichkeiten zwar der Aussteller das alleinige Verfügungsrecht habe, daß es aber nicht notwendig sei, der Anregung der französischen Delegation zu folgen, weil die hauptsächlichsten Anwendungsfälle des von ihr aufgestellten Prinzipes ohnehin Aufnahme in das Gesetz fanden. — So wird — wie gerade erwähnt — der Inhaberscheck durch ein Indossament seiner Natur nicht verlustig; das Indossament an den Inhaber verwandelt den Orderscheck nicht in einen Inhaberscheck (Art. 15, Abs. 4, ESG.).

Scheckmäßige Legitimation; Vindikation von Schecks. Die Vorschriften des Artikels 19 ESG. über die Legitimation des Inhabers eines indossierten Wechsels stimmen mit den geltenden Vorschriften des deutschen und österreichischen Scheckgesetzes überein; ihre Fassung entspricht dem Wortlaute des Artikels 16, Abs. 1, EWG.

Ebenfalls unserem Rechte (Artikel 74 W. O.) entspricht Artikel 21 ESG., wonach der legitimierte Inhaber des indossierten Schecks zu dessen Herausgabe nur verhalten werden kann, wenn er den Scheck bösgläubig erworben oder bei der Erwerbung eine grobe Fahrlässigkeit begangen hat. Diese Bestimmung geht über das Vorbild des Artikel 16, Abs. 2, EWG., allerdings hinaus indem sie auch auf Inhaberschecks Anwendung finden soll. Der mit der Ausstellung eines Inhaberschecks verfolgte Zweck würde, nach Meinung der Konferenz, nicht ganz erreicht, wenn die Revindikation solcher Schecks anderen Voraussetzungen unterliegen würde als die Rückforderung von Orderschecks.

Von Polen wurde gegen die Einbeziehung der Inhaberschecks eingewendet, daß eine solche Regelung mit der Gesetzgebung mancher Länder über die Rückforderung von Inhaberpapieren nicht übereinstimme. So erklärt sich die durch Artikel 12, Anhang II, den Vertragsstaaten eingeräumte Erlaubnis, die Vorschrift des Artikels 21 ESG., soweit sie sich auf Inhaberschecks bezieht, nicht in ihre Landesgesetzgebung einzuführen. — Diese Reserve kommt für den österreichischen Gesetzesbereich nicht in Betracht, da die Bestimmungen des Artikel 21 den Vorschriften des Artikel 307 H. G. B. (und § 371 ABGB.) entsprechen.

Einreden des Scheckschuldners. Das österreichische Scheckgesetz verweist auf Artikel 82 W. O., der dem Schuldner nur die Einwendungen gestattet, die aus dem Wechselrecht selbst hervorgehen oder ihm unmittelbar gegen den jedesmaligen Kläger zustehen. Auch das deutsche Scheckgesetz (§ 18) gestattet dem Schuldner nur Einreden, welche die Gültigkeit seiner Erklärung in dem Scheck betreffen oder sich aus dem Inhalte des Schecks ergeben oder ihm unmittelbar gegen den Inhaber zustehen. Trotzdem besteht — jedenfalls für den österreichischen Gesetzesbereich — kein Zweifel, daß Einwendungen, die dem Schuldner gegenüber Vormännern des Inhabers zustehen, unter den Voraussetzungen der exceptio doli zugelassen sind; zur Substantiierung dieser Einrede genügt mala fides im Sinne der Kenntnis des Inhabers von den bestehenden Einwendungen dann, wenn dieser dem Indossanten gegenüber nur formell Wechselgläubiger ist.[29])

Artikel 16 des Haager Wechselrechtes hat dem Schuldner die Einwendungen abgeschnitten, die ihm gegen die Vormänner des Inhabers zustehen, es sei denn, daß der Übertragung des Wechsels ein „arglistiges Einverständnis" zugrundeliegt.

Auf der Genfer Wechselrechtskonferenz bildete diese Bestimmung den Gegenstand eingehender Erörterungen. Nach Ansicht mehrerer Delegationen sollten diese Einreden schon dann zugelassen werden, wenn dem Inhaber böser Glaube nachgewiesen werden kann. Dagegen wurde jedoch eingewendet, daß zur Begründung der mala fides — jedenfalls nach deutschem Recht — schon die bloße Kenntnis solcher Einwendungen genüge.[30]) Endlich fand man eine mittlere Linie in

[29]) Pisko (Lehrbuch des österr. Handelsrechtes, S. 300) läßt auch grobfahrlässige Unkenntnis der Einreden ausreichen; ebenso Canstein (a. a. O. S. 201).

[30]) Hupka, Zur Revision des Haager Wechselrechtes, S. 11.

der Kompromißformel, wonach der Schuldner dem Inhaber die Einwendungen, die ihm gegen den Aussteller oder dessen Nachmänner zustehen, nur entgegensetzen kann, wenn der Inhaber bei dem Erwerb des Wechsels bewußt zum Nachteil des Schuldners gehandelt hat (à moins que le porteur, en acquérant la lettre, n'ait agi sciemment au détriment du débiteur). Diese Formel kommt der romanischen Auffassung der mala fides als einer concience active am nächsten.[31])

Die Wechselrechtskonferenz wollte nach dem Zeugnis ihrer Generalberichterstatter[32]) ausdrücken, „daß das bloße Wissen um die Einwendungen nicht genüge, sondern daß es darüber hinaus notwendig sei, daß der Inhaber, in Kenntnis der Einwendungen, wissentlich zum Nachteil des Schuldners handelte. Der Richter werde zu ermessen haben, welche Tatbestände unter diese Formel (ecxeptio doli generalis) fallen."

Von der Scheckrechtskonferenz wurde diese Regelung (Artikel 22 ESG.) wörtlich übernommen.

N a c h i n d o s s a m e n t. Das österreichische Scheckgesetz hat in der Frage des Nachindossamentes von einer Verweisung auf die entsprechende Vorschrift der Wechselordnung abgesehen. Nach Ansicht des Motivenberichtes „wird — zufolge § 16 — sowohl das Indossament nach verstrichener Präsentationsfrist wie das eines protestierten Schecks Übertragungswirkungen äußern; der Rechtsschutz des Erwerbers beschränke sich aber auf seine Vertragsklage gegen den Aussteller oder unmittelbaren Vormann". Diese Schlußfolgerung ist von B e i ß e r (a. a. O., S. 24, 25), C a n s t e i n (a. a. O., S. 129) und M e y e r (Weltscheckrecht I, S. 192) als unzutreffend abgelehnt worden; das Nachindossament sei nirgends verboten; es werde ihm daher beim protestierten Scheck Transport- und Garantieeffekt, beim präjudizierten Scheck allerdings bloße Übertragungswirkung zuzusprechen sein.

Das ESG. hat im Artikel 24 einem Indossamente, welches nach dem Protest oder nach Ablauf der Vorlegungsfrist auf den Scheck gesetzt wurde, unterschiedslos bloße Zessionswir-

---

lehnt eine solche Regelung als für den Wechselverkehr unerträglich ab.

[31]) Vergl. darüber Q u a s s o w s k i (a. a. O. S. 779); S c h e l t e m a, La Conférence concernant la lettre de change et le billet à ordre de 1930, in „G r o t i u s" Annuaire international pour 1931, Haag, S. 105, 106 und die eingehende Darstellung der Debatte bei S o k a l, Die Genfer Wechselrechtskonferenz, S. 235 ff.

[32]) Völkerbunddokument C 148, M 47, 1931, II., S. 138.

fung eingeräumt. Diese Lösung, die der aus den Materialien ersichtlichen Absicht des österreichischen Gesetzgebers entspricht, hat praktische Bedeutung hauptsächlich für die Länder des Provisionssystems. — Zum Schutz des gutgläubigen Nachindossatars stellt das ESG. noch die Rechtsvermutung auf, daß ein nicht datiertes Indossament vor der Protestierung des Schecks oder vor Ablauf der Präsentationsfrist auf den Scheck gesetzt wurde.

Wechselbürgschaft. Während das deutsche Scheckgesetz das Aval nicht erwähnt, weil es ein Bedürfnis nach Sicherstellung des Schecks durch Bürgschaft nicht anerkennt, unterwirft das österreichische Scheckgesetz (§ 15, Abs. 2) denjenigen, der den Scheck oder ein darauf gesetztes Indossament als Bürge (per aval) mit unterzeichnet hat, scheckmäßiger Haftung.

Der Haager Entwurf hat, obwohl sich die Konferenz grundsätzlich darüber klar war, daß die Avalisierung des Schecks seiner Natur widerstrebt (Actes I, 1912, S. 201), die Übernahme der im Haager Wechselrecht über die Wechselbürgschaft getroffenen Bestimmungen vorgeschlagen. Maßgebend war die Erwägung, daß dadurch in gewissen Fällen die Eskomptierung von Schecks erleichtert wird.

Im gleichen Sinne hat auch die Genfer Konferenz entschieden. Zufolge der im Artikel 25 bis 27 ESG. getroffenen — dem jugoslawischen und polnischen Rechte entsprechenden — Regelung kann die Bürgschaft sowohl von scheckfremden Personen — mit Ausnahme des Bezogenen, dessen Bürgschaft dem durch das ESG. verbotenen Akzept gleichkäme [33]) — als von Scheckverpflichteten geleistet werden. Das Aval kann auf den Scheck oder ein Beiblatt gesetzt werden. Auch wer — mit Ausnahme des Ausstellers — seine bloße Unterschrift auf die Vorderseite des Schecks setzt, gilt als Bürge.

Fehlt eine Angabe darüber, für wen die Bürgschaft geleistet wird, so gilt das Aval zu Gunsten des Ausstellers.

Der Scheckbürge haftet wie derjenige, für den er sich verbürgt hat; seine Verbindlichkeit besteht auch dann, wenn die Verpflichtung des Begünstigten aus irgend einem anderen Grunde als wegen eines Formfehlers nichtig ist.

Zahlt der Bürge, so steht ihm — eine Neuerung für den österreichischen Gesetzesbereich! — gegen den Begünstigten und die diesem scheckrechtlich verpflichteten Personen der kambiale Regreß zu.

[33]) Canstein (a. a. O., S. 135) hält die Zulassung des Bezogenen zur Scheckbürgschaft schon nach geltendem österreichischen Scheckrecht für ausgeschlossen.

Die Landesgesetzgebung kann (Vorbehalt des Artikels 13, Anhang II) zulassen, daß die Scheckbürgschaft auf einer abgesonderten Urkunde erklärt wird. Da diese Form der Bürgschaft bei uns nicht üblich ist, ist die Reserve für Österreich ohne Bedeutung.

Zahlungszeit. Der Scheck ist das Sichtpapier. Darüber bestand auf der Konferenz keine Meinungsverschiedenheit mehr, wohl aber über die Behandlung eines Vermerkes, der eine andere Zahlungszeit vorsieht. Haag hatte sich, wie auch das deutsche Scheckgesetz — aus Rücksicht auf den Parteiwillen und um den Aussteller, der die Deckung noch nicht bereit stellte, nicht zu schädigen — lediglich dazu entschließen können, solche Schecks als nichtig zu behandeln.[34]

Klein (a. a. O., S. 18 ff.) hat diese Rücksicht auf den Aussteller, bei der das sonst so sehr bekämpfte Kreditprinzip triumphiere, mit aller Schärfe abgelehnt. Hier müsse zwingendes Recht eingreifen, sonst höre der Scheck auf, wirkliches Zahlungsmittel zu sein. Die Kenntnis, daß eine als Scheck bezeichnete Urkunde unbedingt bei Sicht einzulösen ist, müsse eben Gemeingut aller werden, die mit Schecks manipulieren. — Diesem Gedankengange, den sich schon der Expertenentwurf zu eigen gemacht hatte, folgte auch — gegen den Antrag Polens und Jugoslaviens, die das Haager Recht übernommen haben — die Genfer Konferenz. Artikel 28, Absatz 1, ESG. behandelt die Angabe einer anderen Zahlungszeit im Scheck, gleich dem österreichischen Scheckgesetz, als nicht geschrieben.

Vordatierte Schecks. Die Frage der vordatierten Schecks war schon im Haag Gegenstand lebhafter Erörterungen (Actes 1912, I, S. 106). Man sah darin zwar einen Mißbrauch, da die Ausstellung solcher Schecks die Verlängerung der kurzen gesetzlichen Laufzeit bezwecke und dadurch den Scheck dem Wechsel annähere. Aber man begnügte sich damit, den Landesgesetzgebungen die nötigen Abwehrmittel gegen die Ausstellung solcher Schecks freizustellen, mit Ausnahme jedoch der Nichtigkeitssanktion, die man aus Rücksicht auf den gutgläubigen Nehmer vermieden wissen wollte.

Um dem Anreiz zur Ausstellung vordatierter (zur Zeit ihrer Begebung gewöhnlich ungedeckter) Schecks entgegen zu wirken, hat die Novelle vom 28. März 1930 zum deutschen Scheckgesetz die Bestimmung getroffen, daß ein Scheck, der dem Bezogenen vor dem nominellen Ausstellungstage zur Einlösung vorgelegt wird, als am Präsentationstage ausgestellt

[34]) Haager Konferenz, Actes 1912, I., S. 201.

gilt. Diese Lösung hat in Deutschland die einmütige Billigung aller beteiligten Kreise gefunden.[35])

In Genf hat der deutsche Antrag, eine Bestimmung dieser Art in das ESG. aufzunehmen, starken Anklang gefunden. Bedenken dagegen — aus dem Gesichtspunkte der Vergewaltigung des Parteiwillens und der in der Möglichkeit der vertragswidrigen früheren Präsentation liegenden Verführung des Inhabers zur Verletzung von Treu und Glauben — wurden nur von Polen, Jugoslavien und der Schweiz geltend gemacht. Hingegen haben die skandinavischen Staaten und die Niederlande selbständige Anträge eingebracht, die in ihrem Grundgedanken mit dem deutschen Vorschlage übereinstimmten. Der Unterschied bestand lediglich darin, daß nach dem deutschen Vorschlag als Ausgangspunkt für die Berechnung des Ablaufes der Präsentationsfrist der Tag der (attestierten) tatsächlichen Vorlage, nach den anderen Anträgen aber der nominelle Ausstellungstag gelten sollte. Diese Differenzen wurden dadurch beseitigt, daß schließlich Deutschland und die skandinavischen Staaten dem niederländischen Antrage beitraten, wonach ein Scheck, der vor Eintritt des auf ihm angegebenen Ausstellungstags zur Zahlung vorgelegt wird, am Tage der Vorlegung zahlbar sein soll. Dieser Vorschlag wurde mit 18 gegen 7 Stimmen zum Beschlusse erhoben (Artikel 28, Abs. 2, ESG.).

Mangels ausdrücklicher Bestimmung im Gesetze hat — so der Generalbericht — als Ausgangspunkt für die Berechnung der Präsentationsfrist der nominelle Ausstellungstag zu gelten; er ist somit auch mittelbar für die Berechnung der Verjährungsfrist maßgebend. — Die Frist zur Notifikation beginnt, auch für postdatierte Schecks, mit dem Tage des Protestes oder der den Protest ersetzenden Erklärung zu laufen.

Die im ESG. getroffene Regelung ist zu begrüßen. Schon der Entwurf des österreichischen Scheckgesetzes hat den Versuch gemacht, die Vordatierung von Schecks zu bekämpfen; § 14 (2) des Entwurfes 1904 verpflichtete den Bezogenen, die Einlösung falsch datierter Schecks, wenn ihm dieser Umstand bekannt war, abzulehnen. Diese Bestimmung wurde jedoch im Abgeordnetenhaus,[36]) das ihr Bedeutung hauptsächlich auf

---

[35]) Vergl. die Äußerung der deutschen Regierung zum Expertenentwurf im Völkerbunddokument C 628, M 249, 1930, II; zu dieser Frage vgl. auch Quassowski, „Das einheitliche Scheckgesetz" in der Deutschen Wirtschafts-Zeitung, 1931, Nr. 16, S. 363.

[36]) Nr. 2398 der Beilagen zu den sten. Prot. des Abg.-Hauses, XVII. Session, 1905.

gebührenrechtlichem Gebiete beimaß, wegen der Nachteile gestrichen, die durch die unterbliebene Einlösung dem Aussteller, dem Indossenten und dem Inhaber entstehen können; es blieb somit bei der gebührenrechtlichen Sanktion.

Das österreichische Postsparkassenamt hat schon 1930 auf das Überhandnehmen der vordatierten Schecks hingewiesen und Abhilfe dagegen durch eine der deutschen Novelle nachgebildete Bestimmung gefordert, eine Lösung, die übrigens schon das bulgarische Handelsgesetzbuch von 1897 (Art. 644) getroffen und die Karl Adler 1911 der vom Justizministerium einberufenen Expertenkonferenz vorgeschlagen hatte. Anläßlich der Begutachtung des Entwurfes der Völkerbundexperten hat sich auch der Bankenverband für die deutsche Regelung eingesetzt; die Vertreter der Industrie und der Kaufmannschaft sprachen sich jedoch dagegen aus, da die Vordatierung von Schecks durchaus legitimen Zwecken diene. Trotzdem hat sich die österreichische Regierung in ihrer Antwortnote für die deutsche Regelung eingesetzt. Ausschlaggebend hiefür war die Erwägung, daß jede Entwicklung unterbunden werden muß, die den Scheck, aus welchen Motiven immer, dem Kreditzwecke dienstbar macht und damit seiner eigentlichen Funktion entfremden kann, während andererseits die legitimen Zwecke, denen der vordatierte Scheck zuweilen dient, auch auf andere Weise unschwer erreicht werden können.

Die Schaffung strafrechtlicher oder gebührenrechtlicher Sanktionen gegen die Vordatierung von Schecks steht den Vertragsstaaten — wie der Generalbericht hervorhebt — selbstverständlich ebenfalls offen.

Laufzeit des Schecks. Die praktischen Schwierigkeiten, die sich der Festsetzung einheitlicher Vorlagefristen entgegensetzen, führten im Haag nahezu zu einem Verzicht auf eine einheitliche Regelung; man begnügte sich damit, für die Bestimmung der Dauer der Präsentationsfrist das Recht des Zahlungsortes als maßgebend zu erklären, eine Mindestfrist von 10 Tagen festzusetzen und im übrigen, sowohl hinsichtlich der inländischen als der ausländischen Schecks, den Vertragsstaaten freie Hand zu lassen.

Auch der Expertenentwurf kam nicht viel weiter. Er kürzte die Mindestfrist auf 8 Tage ab, gestattete aber nicht nur die Verlängerung dieser Frist, sondern auch die Festsetzung verschiedener Fristen, je nachdem der Scheck im gleichen Lande ausgestellt und zahlbar oder aber Ausstellungsland und Zahlungsland verschieden sind.

In Genf zeigte sich hauptsächlich das Bestreben, für die

internationalen Schecks zur Festsetzung von Zonen zu gelangen, innerhalb derer einheitliche Fristen gelten sollen. Eine Reihe von Vorschlägen wurde erstattet. Einer unter ihnen, der anfänglich am meisten Aussicht auf Annahme hatte, bestimmte eine 10tägige Frist für inländische Schecks, eine 20tägige, wenn der Scheck in einem Lande zahlbar ist, das an das Land der Ausstellung grenzt, eine 30tägige, wenn der Scheck im gleichen Erdteil ausgestellt und zahlbar ist, endlich eine 70tägige, wenn der Scheck in einem anderen Erdteil zahlbar ist, als in dem er ausgestellt wurde. Diese Fristen sollten, bis auf die 10tägige, einer Verlängerung nicht zugänglich sein. — Bei näherer Prüfung zeigte sich jedoch, daß die Festsetzung ein und derselben Frist für Länder, die ein Stück gemeinsamer Grenze aufweisen, angesichts der großen geographischen und verkehrstechnischen Verschiedenheiten der einzelnen Länder (z. B. Österreich und die Schweiz einerseits, Brasilien und seine Grenzländer andererseits) zu völlig unpraktikablen Ergebnissen führen müßte.

Nach langen Bemühungen kam es endlich zu folgender Lösung (Artikel 29 ESG.): a) Für die im gleichen Lande ausgestellten und zahlbaren Schecks beträgt die Frist 8 Tage; sie kann jedoch verlängert werden (Reserve des Artikel 14, Abs. 1, des Anhangs II); weiters können verschiedene Fristen für Platz- und Distanzschecks bestimmt werden, wie der Bericht des Redaktionskomitees ausdrücklich betont; b) die Frist beträgt 20 Tage, wenn Ausstellungs- und Zahlungsort nicht im gleichen Lande, jedoch im gleichen Erdteil, 70 Tage, wenn Ausstellungs- und Zahlungsort in verschiedenen Erdteilen liegen, wobei Europa und sämtliche Mittelmeerländer als zu einem einzigen Erdteil gehörig behandelt werden.

Die Landesgesetzgebungen können die 20tägige Frist für Schecks verlängern, die in einem anderen Erdteile als in Europa ausgestellt und zahlbar sind; die Verlängerung der 70tägigen Frist ist Beschränkungen überhaupt nicht unterworfen (siehe den früher erwähnten Vorbehalt des Artikel 14).

Dieser Vorbehalt sieht noch die Möglichkeit vor, eine Abänderung, also sowohl eine Verkürzung als eine Verlängerung, der 20- und 70tägigen Frist durch gegenseitige Verständigung zwischen den in Betracht kommenden Staaten herbeizuführen. Die Hervorhebung dieser Befugnis war notwendig, um klarzustellen, daß derartige zwei- oder mehrseitige Abmachungen keine Verletzung des vorliegenden Kollektivabkommens bedeuten.

Die Fristen beginnen an dem im Scheck als Ausstellungstag bezeichneten Tage zu laufen (Artikel 29, Abs. 4, ESG.).

Die Einlieferung des Schecks in eine Abrechnungsstelle gilt — wie nach österreichischem und deutschem Recht — als Präsentation zur Zahlung (Artikel 31 ESG.). Gemäß Artikel 15 des Anhangs II können die Vertragsstaaten die Einrichtungen bestimmen, die als Abrechnungsstellen anzusehen sind.

Die Lösung, welche die Frage der Präsentationsfristen in Genf gefunden hat, ist gewiß keine ideale; immerhin darf man nicht verkennen, daß der Versuch, auf diesem Gebiete zu voller Rechtseinheit zu gelangen, von vornherein zum Mißlingen verurteilt war.

Man hat allerdings dem H. E. — für das ESG. muß wohl dasselbe gelten — den Vorwurf gemacht, daß er zu viel getan habe, indem er (Klein, a. a. O., S. 21) für Inlandschecks eine, noch dazu unverkürzbare Vorlagefrist bestimmte; was im Inland geschehe und über das Inland nicht hinausreiche, sei vom internationalen Standpunkt aus wohl nebensächlich. Dieser Einwurf verliert — für Österreich — vorweg einen Teil seiner Bedeutung, da in Genf diese Frist auf 8 Tage abgekürzt wurde, also der Frist gleichkommt, die das österr. Scheckgesetz für inländische Distanzschecks vorsieht. Andererseits ist nicht mit Unrecht betont worden, daß eine einheitliche Mindestfrist für die Inlandschecks, die ja auch die Grenze überschreiten können, dem Inhaber die absolute Sicherheit gibt, daß er bei Wahrung dieser Frist in keinem Lande Rechtsnachteile zu befürchten habe.

Was nun die Länge der Fristen betrifft, hat „die Gesetzgebung zwischen einander entgegengesetzten und doch gleichberechtigten Tendenzen zu vermitteln"; einerseits drängen die Natur des Schecks als eines Zahlungsmittels, ferner das Bedürfnis nach möglichst rascher Entlastung des Ausstellers und der Garanten zur Festsetzung tunlichst kurzer Umlaufzeiten, während anderseits der volkswirtschaftliche Nutzen des Schecks sich steigert, durch je mehr Hände er vor seiner Einlösung läuft.

Die 8tägige Mindestfrist des ESG. bedeutet nun allerdings für Österreich eine Verschlechterung des geltenden Rechts, das Platzschecks nur eine 5tägige Laufzeit gewährt.

Noch in einem anderen Punkte muß Österreich sein Recht ändern; denn die gegenwärtige Unterscheidung von Platz- und Distanzschecks kommt angesichts der 8tägigen Minimalfrist nicht mehr in Frage.

Ein Vorteil der Genfer Regelung läge in der Rechtseinheit mit Deutschland, vorausgesetzt freilich, daß dieses auf der in seinem Scheckgesetz vorgesehenen 10tägigen Frist, wozu es durch den erwähnten Vorbehalt ermächtigt wäre, nicht beharrt.

Die Unterscheidung zwischen Platz- und Distanzschecks wird man vermissen können. Die Begründung zum österr. Scheckgesetz erwähnt selbst, daß diese Unterscheidung die Verwendung von Platzschecks zu Zahlungen an fremden Orten erschwert und daß dadurch die Zahlungskraft des Schecks nicht bis zur Neige ausgenützt wird. Gerade auf das häufige Vorkommen solcher Zahlungen und auf die volle Legitimität dieses Vorganges berufen sich die Motive zum deutschen Scheckgesetz, um zu begründen, warum das deutsche Recht diese Unterscheidung nicht eintreten ließ.

Hinsichtlich der Behandlung der internationalen Schecks kann man einen Fortschritt des Genfer Rechts darin sehen, daß es — und nach dieser Richtung zielten auch die österreichischen Vorschläge — eine Gliederung nach Zonen vorsieht, während es durch die Gestattung regionaler Abmachungen geschmeidiger ist als der H. E.

Das geltende österreichische Recht bestimmt, daß für Schecks, die im Auslande zahlbar sind, zunächst das Recht des Zahlungsortes maßgebend ist. Für Schecks, die vom Ausland nach Österreich gezogen werden, bestehen feste Fristen nicht; solche Schecks sind innerhalb von 5 Tagen nach der Ausstellung nach dem Zahlungsort zu senden und binnen 5 Tagen nach ihrem Einlangen am Zahlungsorte dem Bezogenen vorzulegen.

Berücksichtigt man, daß im Verkehr mit unseren Nachbarstaaten sowie einer Reihe anderer europäischer Länder die auf den Transport eines Schecks entfallende Zeit jedenfalls weniger als 10 Tage beträgt, so ergibt sich, daß die 20tägige Frist, die das ESG. für den europäischen Scheckverkehr vorsieht, gegenüber unserem geltenden Rechte eine Verlängerung der Laufzeit des Schecks bedeutet. Dasselbe gilt hinsichtlich der 70tägigen Frist für unseren Scheckverkehr mit den amerikanischen Zentren. Abhilfe bieten, wenn es die Wirtschaftskreise für notwendig erachten sollten, die im Artikel 14 der Reserven vorgesehenen Abmachungen zwischen den einzelnen Staaten.

Gemäß § 9, Abs. 3, österr. Scheckgesetzes können für die Präsentation von Namenschecks, die auf die Postsparkasse ausgestellt sind, durch deren Geschäftsbestimmungen andere als die sonst vorgesehenen Fristen festgesetzt werden; sie dürfen aber 14 Tage nach der Ausstellung nicht überschreiten. Wenn die Postsparkasse auf die Übernahme einer solchen Vorschrift Wert legen sollte, kann eine analoge Bestimmung in das neue Gesetz ohne weiteres Aufnahme finden; sie hätte sich natürlich auf Inlandschecks zu beschränken.

Unwiderruflichkeit des Schecks. In seiner Heimat England, ebenso in Nordamerika und in den skandinavischen Staaten ist der Scheck — theoretisch — unbeschränkt widerruflich.

Daß in den Ländern des Provisionssystems, also namentlich in Frankreich und Belgien, die Regelung eine gegenteilige ist, der Scheck also, und zwar selbst nach Ablauf der Präsentationsfrist nicht widerrufen werden kann, hängt notwendig damit zusammen, daß der Nehmer und seine Nachmänner Rechte an der Deckung erwerben.

Das dritte System, das namentlich in Österreich, Deutschland und Italien gilt, statuiert zwar die Widerruflichkeit des Schecks, dies jedoch nur für die Dauer der Präsentationsfrist.

Im Haag fand das österreichisch-deutsche System — bei Stimmengleichheit (9 : 9) — Eingang in den Entwurf; die Begründung dafür war, daß eine Popularisierung des Schecks kaum möglich sei, wenn der Schecknehmer damit rechnen müsse, daß der eben erhaltene Scheck im nächsten Augenblick widerrufen werden kann. Wer einen Scheck nimmt, müsse so gestellt werden, als hätte er bares Geld erhalten. Könne der Scheck wirksam widerrufen werden, so seien die ganzen durch seinen Umlauf bewirkten Zahlungen hinfällig. Der Inhaber werde überdies den Scheck möglichst bald präsentieren, um die Gefahr des Widerrufs zu verringern; dadurch werde die Möglichkeit, mittels eines Schecks eine Reihe von Zahlungen zu bewerkstelligen, herabgesetzt.

Eine Ausnahme vom Prinzip der Unwiderruflichkeit macht der Haager Entwurf nur bei Verlust und Diebstahl des Schecks. Hat nämlich der Aussteller oder der Inhaber den Bezogenen verständigt, daß der Scheck verloren ging oder gestohlen wurde, so kann der Bezogene den Scheck mit befreiender Wirkung nur einlösen, wenn der Inhaber nachweist, daß er ihn in gesetzmäßiger Weise erworben hat (§ 17, Abs. 2, H. E.). Man glaubte dadurch den Ländern entgegenzukommen, „welche die Widerruflichkeit deshalb befürworteten, weil sie ein notwendiger und der beste Schutz gegen die Gefahr des Verlustes oder der Entwendung von Schecks sei". Klein (a. a. O., S. 24) zeigt sich von dieser Kompromißlösung nicht sehr befriedigt. Sie erhöhe sehr beträchtlich das Risiko des Bezogenen, der über die Frage des gutgläubigen Erwerbes des Schecks zu entscheiden habe, ganz abgesehen davon, daß dieses Aviso an den Bezogenen leicht mißbraucht werden könne. „Der internationale Sieg der Unwiderruflichkeit würde vielleicht damit zu teuer erkauft; in den Ländern, welche die Widerruflichkeit verwerfen, habe man einen solchen Rechtssatz bisher ganz gut entbehrt." — Die Experten des Völkerbundes haben aus der Haager Abstimmung über die Frage der Widerruflichkeit des Schecks die Folgerung gezogen, daß sie davon absahen, diese Frage in ihrem Entwurf überhaupt zu lösen. Sie empfahlen lediglich den Vertragsstaaten, durch zivilrechtliche Maßnahmen den Widerruf des Schecks innerhalb der Präsentationsfrist zu verhindern. Auch in der weiteren Frage, ob der Widerruf nach Ablauf der Vorlagefrist Wirkungen zu äußern hätte, ließen die Experten der Landesgesetzgebung volle Freiheit.

In Genf beantragte eine Reihe von Ländern, darunter Österreich, die Rückkehr zum Haager System. Eine lange Debatte gab Anlaß zur Wiederholung der bekannten für und gegen die Unwiderruflichkeit sprechenden Argumente. Es bestand volle Einmütigkeit darüber, daß der unbegründete Widerruf eines Schecks seine Beliebtheit kompromittieren müsse. Über die Wahl der Mittel aber, dies hintanzuhalten, insbesondere auch über die Notwendigkeit, darüber einen ausdrücklichen Rechtssatz in das ESG. aufzunehmen und mit einer entsprechenden Sanktion zu versehen, gingen die Meinungen weit auseinander.

Nicht nur von den Vertretern der Länder, deren Gesetzgebung den Widerruf als Dishonorierungsgrund gelten lassen, wurde betont, daß nur die Widerruflichkeit des Schecks der Wirklichkeit der Dinge gerecht werde; denn der Bankier werde den Widerruf, auch wenn das Gesetz ihn nicht dazu zwinge, beachten, weil er es sich mit seinem Kunden, dem Aussteller, nicht verderben wolle. Er könne das um so leichter, als das Gesetz dem Inhaber ein direktes Klagerecht gegen den Bezogenen versage, das Verbot des Widerrufs daher nur lex imperfecta sei. Aus diesem Grund forderten die skandinavischen Staaten den Schutz des Inhabers vor mißbräuchlichem Widerruf durch strenge strafgesetzliche Vorschriften.

Von großem Interesse waren die Ausführungen des Vertreters Großbritanniens, wonach die englische juristische Literatur für einen Zeitraum von 100 Jahren nur von 7 Fällen mißbräuchlichen Widerrufs zu berichten weiß. Wer in England ohne triftigen Grund einen Scheck revoziere, kompromittiere sich derart, daß sein Bankier ihm das Konto entziehe.

Schließlich entschied sich die Mehrheit dafür, im Sinne der Haager Resolutionen die grundsätzliche Unwiderruflichkeit des Schecks anzuerkennen (Artikel 32 ESG.), jedoch eine von den skandinavischen Staaten formulierte Reserve zuzulassen, die den Widerruf auch vor Ablauf der Präsentationsfrist gestattet (Artikel 16, Anhang II). Dem entgegengesetzten französischen System, das dem Widerruf auch nach Ablauf der Vorlagefrist jede Wirkung versagt, mußte dadurch Rechnung getragen werden, daß — in dem erwähnten Vorbehalt — den Landesgesetzgebungen freigestellt wurde, den Widerruf auch nach Ablauf der Präsentationsfrist auszuschließen.

Ein portugiesischer Antrag, den Bezogenen, der den Widerruf des Ausstellers beachtet, für schadenersatzpflichtig gegenüber dem Inhaber zu erklären, wurde mit der Begründung abgelehnt, daß eine derartige Regelung wegen der Verschiedenheit der ihr zugrundezulegenden privatrechtlichen Vorschriften den Landesgesetzgebungen überlassen bleiben müsse.[37])

Auch darüber bestand keine einheitliche Meinung, welche Ausnahmen vom Grundsatz der Unwiderruflichkeit allenfalls zuzulassen wären. Während ein Teil solche nur in den Fällen des Verlustes oder Diebstahls des Schecks gelten lassen wollte, ging die Ansicht der skandinavischen Staaten dahin, daß man dem Aussteller den Widerruf z. B. auch gestatten müsse, wenn er nach der Ausstellung des Schecks merke, daß er bei dem der Begebung zugrundeliegenden Geschäfte betrogen worden sei. — Ein italienischer Vorschlag wollte dem Aussteller und dem Inhaber das Recht einräumen, sich der Zahlung des Schecks zu widersetzen (opposition au paiement), wenn der Scheck verlorenging oder durch Diebstahl abhanden kam. Der Bezogene, der trotz der Mitteilung des Verlustträgers den Scheck einlöst, solle durch solche Zahlung nur liberiert sein, wenn der Inhaber den redlichen Erwerb des Schecks nachweisen kann.

Dagegen wurde der Einwand erhoben, daß das Recht, sich der Zahlung zu widersetzen, auf einer ganz anderen juristischen Ebene liege als der Widerruf. Während dieser die Zahlung überhaupt verhindern wolle, soll durch das Widerspruchsrecht lediglich eine Fehlzahlung vermieden werden.

---

[37]) Nach den Ausführungen des tschechoslowakischen Delegierten Prof. Hermann-Otavský steht die tschechosl. Literatur allerdings auf dem Standpunkt, daß der Bezogene, der in Beachtung des Widerrufs die Einlösung des Schecks verweigert, dem Inhaber gegenüber schadenersatzpflichtig wird.

Diese Frage falle aber in das Gebiet der Kraftloserklärung, also des Verfahrenrechtes und sei im ESG. daher kaum lösbar, so sehr auch eine einheitliche Gestaltung des Amortisationsverfahrens vom Standpunkte des internationalen Verkehrs erstrebenswert wäre. — Die vorgeschlagene Regelung sei aber auch sachlich nicht glücklich, weil der in die Stellung des Richters gedrängte Bezogene aus Ängstlichkeit die Einlösung des Schecks immer ablehnen werde; damit sei man aber praktisch bei der vollen Widerruflichkeit für alle diese Fälle angelangt. — Vor der Gefahr des Verlustes könne der Inhaber außer durch die Kraftloserklärung, in deren Rahmen z. B. in Deutschland und Österreich auch das Verbot der Zahlung im Wege einstweiliger Verfügung vorgesehen ist, allenfalls durch Übernahme des Artikels 40, Abs. 3, EWG. in das ESG. geschützt werden; nach dieser Vorschrift werde der Bezogene durch eine Zahlung nicht befreit, die er böswillig oder grobfahrlässig leistet. Löst also der Bezogene, obwohl er eine glaubwürdige Mitteilung über den Verlust des Schecks erhielt, diesen dennoch ein, so ist er im bösen Glauben; die Wirkung sei somit dieselbe, wie im Falle der Annahme des von Italien vorgeschlagenen, den meisten Ländern unbekannten Oppositionsrechtes. — Trotz mancher dagegen vorgebrachten Bedenken wollte die Konferenz auf diese von den niederländischen Delegierten Prof. Scheltema und Prof. Kosters vorgeschlagenen Ausweg nicht verzichten. — Bei der zweiten Lesung wurde jedoch der Beschluß auf Übernahme der Vorschrift des Artikels 40, Abs. 3, EWG. — aus Gründen, die später darzulegen sein werden — rückgängig gemacht. Dafür überläßt es der Vorbehalt des Artikels 16, Anhang II, den Vortragsstaaten, die Maßnahmen zu treffen, die bei Verlust oder Diebstahl des Schecks zu ergreifen sind.

In der Frage des Widerrufs kann somit das deutsche und das österreichische Recht unverändert bleiben. Dasselbe gilt für die in beiden Gesetzen vorgesehene Regelung betreffend die Kraftloserklärung abhandengekommener Schecks (§ 21 österreichischen, § 27 deutschen Scheckgesetzes).

Zu erwähnen wäre noch, daß die Vorschrift des § 13, Z. 1, österr. Scheckgesetzes — wie übrigens auch von der Haager Konferenz — trotz mehrerer darauf gerichteter Anträge in das ESG. nicht aufgenommen worden ist. Diese Bestimmung erklärt es ausdrücklich für zulässig, daß der Aussteller eines Namen- oder Orderschecks, den er unmittelbar an den Bezogenen gesandt hat, damit dieser den Scheckbetrag an den Zahlungsempfänger gelangen lasse, solange widerrufen werden kann, als der Bezogene diesen Auftrag nicht erfüllt hat. Die Konferenz war der Meinung, daß der Widerruf schon nach gemeinem Rechte zulässig sei, da in solchen Fällen überhaupt noch kein Scheckberechtigter vorhanden ist. — Zufolge der Begründung zum österreichischen Scheckgesetz sollte diese Vorschrift gewissen Usancen des Postsparkassenamtes entgegenkommen, das dieses Stadium der Scheckmanipulation dazu benütze, um Unrichtigkeiten und Irrtümer richtigstellen zu lassen, die bei der Ausfertigung der von den Ausstellern dem Amte zur Auszahlung bei einer Sammelstelle übersendeten Schecks unterliefen. — Sollte das Postsparkassenamt auf Beibehaltung dieser Vorschrift Wert legen, so steht dem ein Hindernis um so weniger entgegen, als der Bericht des Redaktionskomitees den Staaten die Aufnahme einer derartigen Vorschrift in ihre Landesgesetze ausdrücklich gestattet. — Das deutsche Scheckgesetz hat eine solche Bestimmung allerdings nicht für nötig erachtet.

Tod, Handlungsunfähigkeit und Konkurs des Ausstellers. Die Verschiedenheit der in Betracht kommenden landesgesetzlichen Vorschriften einerseits, andererseits das Bestreben, die Sicherheit des Scheckverkehrs zu fördern, bewogen die Konferenz, obwohl dem Einheitlichen Wechselgesetz eine analoge Vorschrift mangelt, in das ESG. (Art. 33) die Bestimmung aufzunehmen, daß sowohl der nach der Begebung des Schecks eingetretene Tod des Ausstellers als seine Geschäftsunfähigkeit auf die Wirksamkeit des Schecks ohne Einfluß sind. Daß in diesen Fällen die Einlösung der Schecks nicht verweigert werden darf, entspricht der Vorschrift des § 12, Abs. 2, des österr. Scheckgesetzes, während in Deutschland die Rechtsübung auf Grund des § 791 BGB. zu dem gleichen Ergebnis gelangte.

Die letzte Konsequenz des Grundsatzes, daß der Schecknehmer demjenigen gleichzustellen ist, der Zahlung in barem Gelde erhielt, wäre die, daß der Scheck auch honoriert werden müßte, wenn der Aussteller mittlerweile in Konkurs geriet. Diesen Bruch mit den Prinzipien des Konkursrechtes können nur die Länder auf sich nehmen, nach deren Recht die Begebung des Schecks Ansprüche an der Provision begründet. Da sich das ESG. von dem französischen Deckungssystem fernhielt, mußte es von einer solchen Bestimmung absehen. Die Konferenz hat es aber auch, trotz darauf abzielender Anträge, unterlassen, eine gegenteilige Regelung zu treffen, d. h. den Konkurs des Ausstellers als Dishonorierungsgrund ausdrücklich anzuerkennen. Es bleibt somit bei den landesgesetzlichen Vorschriften.

Gegen die Bestimmung des § 12, Abs. 1, österr. Scheckgesetzes, wonach der Bezogene den Scheck nicht einlösen darf, wenn ihm bekannt geworden ist, daß sich der Aussteller im Konkurs befindet, ist der Vorwurf erhoben worden, sie nehme auf die Rechtssicherheit zu wenig Rücksicht und müsse der Entwicklung des Scheckverkehrs hinderlich sein. Diese Einwendung ist, wie die Motive zum österr. Scheckgesetz ausführen, durch das Beispiel Englands und Nordamerikas empirisch widerlegt worden. Übrigens müsse, wie die Begründung weiter ausführt, die Leichtigkeit des Mißbrauchs einer Bestimmung, welche den Scheck trotz Konkurses des Ausstellers einlösen läßt, unbedingt davor warnen, sie in das Gesetz aufzunehmen.[38])

Eine andere Frage ist, ob es notwendig scheint, eine ausdrückliche gegenteilige Vorschrift auch in das neue Scheckgesetz einzufügen. Deutschland findet das Auslangen mit den Vorschriften seiner Konkursordnung, die in dieser Hinsicht mit unserem Konkursrecht übereinstimmen. Unser Scheckgesetz hat — in bewußter Abweichung von der Vorschrift des § 3 der damals geltenden Konkursordnung, nach der schon das Bekanntsein *können* des Konkurses der Zahlung durch den Bezogenen die befreiende Wirkung nahm — eine Milderung vorgesehen, „um die Verantwortlichkeit des Bezogenen nicht durch Auferlegung schwer erfüllbarer Nachforschungs- und Erkundigungspflichten ins Übermaß zu steigern"; es verbietet dem Bezogenen die Einlösung des Schecks nur, wenn ihm die Eröffnung des Konkurses bekannt *geworden* ist, stellt also auf das tatsächliche Wissen ab.[39]) — Es wird sich empfehlen, den Wortlaut des § 12 auch in das neue Gesetz zu übernehmen, weil nach der sonst in Betracht kommenden Vorschrift des § 3, Abs. 2, der geltenden Konkursordnung der Bezogene nur befreit würde, wenn die Unkenntnis von der Konkurseröffnung „nicht auf einer Außerachtlassung der gehörigen Sorgfalt beruht."

Klagerecht des Inhabers gegen den Bezogenen; Übergang der Deckung. Gleich dem Haager Entwurf und dem Entwurf der Experten hält das ESG. grundsätzlich daran fest, daß dem Inhaber ein Klage-

---

[38]) Anderer Meinung *Canstein* (a. a. O., S. 150 ff.).

[39]) Trotz der offenkundigen Absicht des Scheckgesetzes, zugunsten des Bezogenen eine Milderung des Grundsatzes des § 3 der damals geltenden Konkursordnung eintreten zu lassen, behaupten — kaum zu Recht — *Bartsch-Pollak*, Konkurs-, Ausgleichs-, Anfechtungsordnung, 2. Aufl., S. 62, 63, es sei dem § 12 Scheckgesetzes durch § 3 der neuen K. O. derogiert worden.

recht gegen den Bezogenen nicht zusteht. Wie der Haager Generalbericht (Actes, 1912, I, S. 204, 205) ausführt, ist die Frage nach der Einräumung eines solchen Klagerechtes für die Länder, deren Gesetze dem Inhaber besondere Rechte an der Provision gewähren, naturgemäß zu bejahen. Fehlt es jedoch an einem solchen Titel zur Klageführung, so käme als juristische Grundlage für eine solche Klage nur das Akzept des Bezogenen in Betracht oder es müßte eine aus dem Scheckvertrag fließende direkte Verpflichtung des Inhabers gegen den Bezogenen anerkannt werden. Letzteren Falles müßte also der Anspruch des Inhabers auf einen Vertrag gestützt werden, an dem der Inhaber nicht beteiligt ist und dessen Einzelheiten er nicht kennt; der Inhaber wäre also stets auf die intensivste Mitwirkung des Ausstellers angewiesen. Darum wäre dem Inhaber mit einem solchen Klagerecht kaum gedient, weshalb er es, statt einen langwierigen und kostspieligen Prozeß zu führen, gewiß vorziehen werde, sich sein Geld im Wege des Regresses zu holen.

Diese Argumente, mit denen im wesentlichen auch die Motive zum österreichischen und zum deutschen Scheckgesetz die Versagung des Klagerechtes an den Inhaber begründen, waren auch für die Genfer Konferenz bestimmend.

Die Frage, ob und inwieweit dem Inhaber besondere Rechte an dem Guthaben zustehen und welches die Folgen dieser Rechte sind, ist im ESG. — wie die Reserve des Artikels 19, Abs. 1, des Anhangs II ausdrücklich feststellt — nicht geregelt.

Dieser Vorbehalt überläßt der Landesgesetzgebung nicht nur die Festsetzung bestimmter Rechte des Inhabers an der Deckung, sondern auch die Regelung der Frage, ob und inwieweit ihm auf Grund dieser Rechte eine direkte Klage gegen den Bezogenen zusteht, insbesondere auch, ob der Inhaber bei teilweiser Deckung das Recht hat, Teilzahlung zu fordern.

Zweifellos wird Frankreich, dessen Provisionslehre durch den neuen Artikel 116, Abs. 2, des Code de commerce im Jahre 1922 sanktioniert wurde, an dem Rechtssatz, wonach das Eigentum an der Deckung auf den Inhaber des Wechsels übergeht, auch für den Bereich des Scheckrechtes festhalten. Soweit also Deckung vorhanden ist, wird in den Ländern des Provisionsrechtes auch eine direkte Klage des Inhabers gegen den Bezogenen zugelassen werden.

Es hat übrigens den Anschein, daß seit der Haager Konferenz der Gedanke, Wechsel und Scheck durch Einräumung des Rechtes auf die zugrundeliegende Provision zu sichern, auch in den Ländern Anhänger gewonnen hat, die sich bisher gegen das Deckungssystem ablehnend verhielten.[40]) Sei es nun, daß das Recht an der Provision automatisch oder erst durch einen auf die Urkunde gesetzten Zessionsvermerk entstehen, sei es, daß der Übergang der Deckung allgemein oder nur im Falle des Konkurses des Ausstellers Wirkungen äußern soll.[41]) Der zur Durchführung des Haager Abkommens bestimmte Schweizer Entwurf gestattet nicht nur die Zession der Deckung durch entsprechenden Vermerk auf dem Wechsel, sondern sieht auch vor, daß im Falle der Konkurseröffnung über den Aussteller dessen Anspruch auf Rückgabe der Deckung oder Erstattung kreditierter Beträge auf den Inhaber übergeht (Art. 83).[42]) Desgleichen sind in Italien, jedenfalls soweit der Scheck in Betracht kommt, starke Strömungen nach dieser Richtung bemerkbar.[43]) In Österreich hatte der Entwurf eines Gesetzes über die Abtretung offener Buchforderungen für die inakzeptable Tratte die Möglichkeit der Zession der die Deckung bildenden Forderung durch entsprechenden Vermerk auf dem Wechsel vorgesehen.[44])

Bei aller Würdigung der treibenden Kräfte dieser nach der Richtung der französischen Auffassung laufenden Bewegung wird man das Ergebnis der Entwicklung abzuwarten haben.[45]) Nicht so sehr die kaum durchschlagende Einwendung, daß durch das Eindringen der Provisionslehre in unsere Gesetzgebung die Abstraktheit der Wechsel- und Scheckobligationen leiden könnte, sondern die Erwägung, daß eine solche

---

[40]) Vergl. darüber auch Quassowski, a. a. O., S. 790.

[41]) Der Entwurf eines deutschen Scheckgesetzes 1892 gewährte dem Scheckinhaber als Zessionar des Ausstellers ein direktes Klagerecht gegen den Bezogenen.

[42]) Vergl. auch Artikel 1032, Abs. 2, des Schweizer Entwurfes eines revidierten Obligationenrechtes und insb. Wieland, Das Wechselrecht im Schweizerischen Entwurf eines revidierten Obligationenrechtes und die Wechselrechtsvereinheitlichung, S. 11, 17.

[43]) Nach Mossa, La girata e la cessione della provvista nel diritto cambiario, 1931, in der Rivista del diritto commerciale etc. 29. Jahrgang, Nr. 1 u. 2, S. 18 ff., plante man in Italien eine Vorschrift, wonach das der Scheckziehung zugrunde liegende Guthaben im Falle des Konkurses des Ausstellers als Sondermasse zur Befriedigung der vor der Konkurseröffnung auf das Guthaben gezogenen Schecks zu dienen hätte.

[44]) Vergl. „Ergebnisse der Beratungen über die gesetzliche Regelung des Eskomptes offener Buchforderungen", Wien 1915, ferner Hamburger, Recht auf Deckung bei der nicht akzeptablen Tratte 1913; Karl Adler, Bankpolitische Aufsätze, 1913/I; dagegen Hupka, Neue Freie Presse vom 5. Juni und vom 15. Juli 1913, S. 13.

[45]) Vergl. Klein, a. a. O., S. 20, der es als einen Vorzug des H. E. ansieht, daß er keinerlei Spuren der französischen Zessionstheorie an sich trägt.

Reform einen Bruch mit unseren konkursrechtlichen Grundsätzen bedeuten würde, mahnt zur Vorsicht. Sollte das Deckungssystem tatsächlich an Boden gewinnen, was sich übrigens bei der Ratifikation der Genfer Abkommen bald zeigen muß, so wird anläßlich einer allfälligen Revisionskonferenz die Gelegenheit geboten sein, unsere Stellungnahme zu diesem Problem einer Überprüfung zu unterziehen.

Zahlung des Schecks. Wie schon früher erwähnt, hatte die Konferenz zum Schutze des berechtigten Inhabers bei Verlust oder Diebstahl des Schecks die Übernahme der Vorschrift des EWG. beschlossen, wonach der Bezogene durch die Einlösung des Schecks liberiert wird, wenn ihm hiebei nicht Arglist oder grobe Fahrlässigkeit zur Last fällt. Es soll ihn lediglich die Verpflichtung treffen, die Ordnungsmäßigkeit der Indossamentenreihe, nicht aber die Unterschriften der Indossanten zu prüfen.

Die Bedeutung dieser Bestimmung über die befreiende Wirkung der Zahlung ist für das Gebiet des EWG., dem als Regelfall der durch sein Akzept verpflichtete Bezogene vorschwebt, völlig klar. Die Haftung des Bezogenen gegenüber dem materiell berechtigten Wechselgläubiger soll erlöschen, wenn er dem wechselmäßig legitimierten Inhaber zahlt, ohne daß ihm bei der Einlösung des Wechsels ein grobes Verschulden unterlief. Welche Bedeutung besitzt aber eine solche Bestimmung im Scheckrecht, auf dessen Boden nach der Konstruktion des ESG. die Scheckgläubiger überhaupt keinen Anspruch gegen den Bezogenen haben? Man kann zunächst die Analogie zwischen dem Scheck und der im EWG. vorgesehenen inakzeptablen Tratte betonen, also etwa die Bedeutung hervorkehren, die solcher Zahlung für die Frage zukommt, ob dem materiell Berechtigten trotzdem seine Regreßansprüche gegen Vormänner und Aussteller gewahrt bleiben. — Man kann sich aber auch auf den Standpunkt stellen, daß der in Rede stehenden Bestimmung Bedeutung von vornherein nur für die Länder zukommt, die dem Inhaber ein Klagerecht gegen den Bezogenen einräumen. — Schließlich ist noch die Erwägung möglich, daß auf dem Boden des Scheckrechtes von einer „befreienden" Wirkung der Zahlung nur im Verhältnis zwischen Bezogenem und Aussteller die Rede sein kann. — Da diese Auslegung nicht von der Hand zu weisen war, mußte in diesem Zusammenhang die Frage geprüft werden, ob mit einer solchen Bedeutung der in Rede stehenden Vorschrift eine Regelung über die Gefahren einer Fehlzahlung vereinbar wäre, wie sie in der Gesetzgebung der Länder vorgesehen ist, die der engeren österreichischen Rechtsgruppe angehören. Darf der Bezogene, der — ohne bei der Zahlung grobfahrlässig vorgegangen zu sein — einen gefälschten oder verfälschten Scheck einlöste, durch die Landesgesetzgebung für den entstandenen Schaden haftbar erklärt werden, wenn das ESG. seiner Zahlung ganz allgemein „befreiende" Wirkung zuerkennt? Diesen Zweifeln gab namens der Länder, in denen materiell österreichisches Recht gilt, der tschechoslowakische Delegierte Prof. Hermann-Otavský anläßlich der zweiten Lesung Ausdruck, indem er beantragte, es möge die Konferenz ihre Berichterstatter zur Bejahung dieser Frage ermächtigen. Auch von Seiten Jugoslaviens und Polens wurde die Feststellung verlangt, daß der aus dem EWG. zu übernehmende Artikel nicht die Verantwortung des Bezogenen gegenüber dem Aussteller betreffe und daß die Landesgesetzgebungen befugt bleiben, die Frage nach eigenem Ermessen zu regeln, wen die Gefahr der Einlösung falscher oder verfälschter Schecks trifft.

Die darüber geführte Debatte zeigte, daß es durchaus am Platze war, die fragliche Bestimmung noch einmal aus dem Gesichtswinkel des Scheckrechtes gründlich zu beleuchten. Anfänglich machte sich gegen die verlangte Klarstellung kein Widerstand bemerkbar. Im Laufe der weiteren, manchmal recht lebhaften Debatte, die eine Reihe von Anträgen zeitigte, darunter den, im Gesetze selbst die unterlassene Prüfung der Unterschrift des Ausstellers als grobes Verschulden zu kennzeichnen, wurde anerkannt, daß die Festsetzung der liberierenden Wirkung der Zahlung im Bereiche des ESG. tatsächlich mehrdeutig ist; ja noch mehr, daß eine solche Bestimmung mit einer Regelung der Gefahr einer Fehlzahlung, wie sie das österr. Recht trifft, kaum vereinbar wäre. So fand schließlich der von Frankreich unterstützte Antrag der deutschen Delegation, die Bestimmung einfach zu streichen, die Zustimmung aller Delegationen. Bis auf die Italiens, das diese Vorschrift nicht preisgeben wollte, weil es darin den einzigen Ersatz für das von ihm vorgeschlagene Oppositionsrecht bei Verlust des Schecks erblickte.

Von der ganzen Vorschrift des Art. 40, Abs. 3, EWG. blieb somit nur der Satz übrig, daß der Bezogene, der einen indossablen Scheck einlöst, zur Prüfung der Ordnungsmäßigkeit der Reihe der Indossamente, aber nicht der Unterschriften der Indossanten verpflichtet ist (Artikel 35 ESG.).

Wie auch der Bericht des Redaktionsausschusses feststellt, ist somit, — ebenso wie im H. E. und dem Entwurf der Experten — die Regelung der Gefahr bei Einlösung eines Inhaberschecks sowie des Verhältnisses zwischen dem Aussteller und dem Bezogenen in Ansehung des Risikos der Scheckeinlösung Sache der Landesgesetzgebung. Sofern die besondere Natur des Schecks jedoch einer Analogie nicht im Wege steht, können nach der im genannten Bericht verankerten Meinung der Konferenz die Bestimmungen des mehrerwähnten Art. 40, Abs. 3, EWG. zur Entscheidung der Frage herangezogen werden, ob die Einlösung des Schecks durch den Bezogenen gegenüber dem Inhaber oder den nachfolgenden Inhabern befreiend (vis-à-vis du porteur ou des porteurs successifs) wirkt.

Teilzahlung. Das österreichische (§ 11, Abs. 2) und das deutsche Scheckgesetz gestattet dem Scheckinhaber, eine ihm durch den Bezogenen angebotene Teilzahlung abzulehnen. Beide Gesetze stehen auf dem Standpunkt, daß die Verpflichtung zur Annahme einer Teilzahlung mit der Natur des Schecks nicht wohl vereinbar sei, der auf rasche und volle Befriedigung abzielt und bis zum vollen Betrag durch ein Guthaben gedeckt sein muß. Ein mittels Scheck abzuwickelndes Kassageschäft dürfe nicht in ein Kreditgeschäft umgewandelt werden.

Während der H. E. ebenfalls auf diesem, dem englischen Wechselrechte entsprechenden Standpunkt steht, enthielt der Entwurf der Experten eine gegenteilige Regelung.

Die Genfer Konferenz hat sich — trotz der insbesondere von Österreich und Deutschland erhobenen Bedenken — mit knappster Mehrheit die Auffassung der Experten zu eigen gemacht. Entscheidend war die Rücksicht auf die für die Regreßpflichtigen dadurch bewirkte Entlastung, eine Erwägung, welche auch die Genfer Wechselrechtskonferenz in der gleichen Frage geleitet hat (Art. 39, Abs. 2, EWG.), mag sie auch für den Scheck — wie von österreichischer Seite betont wurde — dank der hier geringeren Bedeutung des Giros weit weniger am Platze sein.

Man wird dieser Änderung, zu der der österreichische und deutsche Gesetzgeber gezwungen ist, gewiß keine große praktische Bedeutung beizumessen haben. Befürchten die Banken technische Komplikationen, so werden sie trotz teilweise vorhandener Deckung die Zahlung dennoch ablehnen. Bemerkt sei übrigens, daß Meyer (Weltscheckrecht II, S. 178 ff.) ebenfalls für die Verpflichtung des Inhabers zur Entgegennahme von Teilzahlungen eingetreten ist. Nicht durch die Annahme der Teilleistung werde das Zahlungsgeschäft zum Kreditgeschäft, sondern durch den Mangel eines ausreichenden Guthabens.

Quittierung der Zahlung. Die Bestimmungen des ESG. (Art. 34, Abs. 1 und 3) über die Verpflichtung des Inhabers, bei Einlösung den Scheck quittiert zurückzustellen, und über das Recht des Bezogenen, bei Teilzahlungen deren Abschreibung auf dem Scheck vorzunehmen und Quittung zu verlangen, entsprechen dem deutschen (§ 12) und österreichischen (§ 11) Scheckgesetze.

Risiko der Zahlung eines falschen oder verfälschten Schecks. Diese Frage, die schon im Haag erörtert, von einer Regelung aber ausgeschlossen wurde, bildete einen der Punkte des den Regierungen vom Völkerbund vorgelegten Fragebogens.

Die Genfer Konferenz sah sich gleichlautenden Anträgen der tschechoslowakischen und jugoslavischen Delegation gegenüber, welche — wie es Österreich schon in seiner Antwortnote getan hatte — die Aufnahme einer den § 20, Z. 4, des österr. Scheckgesetzes entsprechenden Vorschrift in das ESG. vorschlugen. Demnach soll der Bezogene den aus der Einlösung eines falschen oder gefälschten Schecks entstandenen Schaden tragen, soweit nicht dem angeblichen Aussteller des falschen oder dem Aussteller des verfälschten Schecks ein Verschulden zur Last fällt oder endlich die Fälschung (Verfälschung) von den bei der Gebarung mit den Schecks verwendeten Angestellten dieser Personen verübt wurde. Ein italienischer Antrag lief im Wesentlichen auf dasselbe hinaus, ohne jedoch die — anscheinend für selbstverständlich erachtete — Haftung des Ausstellers (angeblichen Ausstellers) für seine Angestellten besonders hervorzuheben. Der Schweizer Entwurf eines revidierten Obligationenrechtes und der rumänische Scheckgesetzentwurf haben sich für dieselbe grundsätzliche Lösung entschieden.

Gegen diese Anträge wurden formelle und materielle Einwendungen erhoben. Die materiellrechtliche Kritik, die daran von der französischen, belgischen und niederländischen Delegation[46]) geübt wurde, nahm zum Ausgangspunkt die Regelung des allgemeinen Privatrechtes über die Haftung des Mandatars und des Assignaten über die Ausführung des Mandates und der Anweisung; darum sah sie in der vorgeschlagenen Regelung, die bei Fehlen eines Ver-

[46]) Der Schweizer Delegierte Dr. Vischer, Erster Sekretär der Schweizer Bankenvereinigung, schloß sich zwar vom Bankenstandpunkte dieser Kritik an, sprach sich aber trotzdem für die Annahme der früher erwähnten Anträge u. zw. mit der Begründung aus, daß er sich in erster Linie als Vertreter seiner Regierung, nicht der Banken fühle.

schuldens des Ausstellers sowohl als des Bezogenen letzteren mit den Risken der Fehlzahlung belastet, ein privilegium odiosum der Banken. Der Aussteller habe den Scheck geschaffen und in Lauf gesetzt; ihn sollen daher in erster Linie die daraus entspringenden Gefahren treffen. — Aber auch vom praktischen Gesichtspunkte der Umlaufsfähigkeit des Schecks sei die beantragte Regelung verfehlt. Denn das dadurch erhöhte Risiko der Banken werde große Ängstlichkeit bei der Einlösung insbesondere höherer Schecks und damit eine Verzögerung im Scheckdienste der Banken zur Folge haben; oder aber, es werden sich die Banken gegen diese neuen Risken durch Versicherung schützen, dadurch den Scheckverkehr verteuern und überdies geringere Sorgfalt bei der Prüfung der Unterschriften sowie des Schecks überhaupt walten lassen.

In formeller Beziehung machte man geltend, es handle sich hier nicht um eine spezifisch scheckrechtliche Frage; von ihrer Lösung im ESG. sei umsomehr abzusehen, als sie einen Eingriff in den Scheckvertrag bedeute, wenn auch freilich — wie der deutsche Delegierte bemerkte — schon nach gemeinem Rechte die Regelung dieser Frage im Wege freier Vereinbarungen zwischen Aussteller und Bezogenen ihre Schranken in dem Verbote sittenwidriger Verträge finde. — Prof. Percerou sprach der Frage übrigens größere praktische Bedeutung ab, da in der großen Mehrzahl der Fälle auf der einen oder der anderen Seite ein Verschulden feststellbar sein werde.

Gegen diese die Regelung im ESG. ablehnenden Meinungen wurde insbesondere von italienischer Seite auf die den Banken durch das ESG. zugedachte Monopolisierung des Scheckverkehrs hingewiesen. Dem müsse aber entgegengestellt werden das Prinzip der spezifischen Betriebsgefahr, als dessen Ausfluß sich insbesondere die Forderung nach der Haftung der Banken für derartige Zahlungen aufdränge. Auch seien die Banken, die ja immer eine Unterschrift ihrer Scheckklienten besitzen, besser in der Lage, sich vor Fehlzahlungen zu schützen, als der Aussteller vor nachträglicher Verfälschung des Schecks. Es sei übrigens auch juristisch verfehlt, den Aussteller wegen der Tatsache, daß er den Scheck begeben hat, als den Initiator des Schecklaufes anzusehen und ihm aus diesem Gesichtspunkt die Haftung aufzuerlegen. Denn der Scheckbegebung liege ein Vertrag zwischen Aussteller und Bezogenem zugrunde. Die Einwilligung des Bezogenen zur Scheckziehung sei daher als gleichwertiges kausales Moment zu werten.

Der Ansicht, es handle sich bei dieser Frage um keine Angelegenheit des Scheckrechtes, hielt man entgegen, daß Fälschung und Verfälschung gerade das Papier selbst zum Gegenstand haben; übrigens lasse sich auf scheckrechtlichem Boden eine strenge Scheidung zwischen kambialem und gemeinem Rechte nicht durchführen.

Was die Haftung des Ausstellers für seine Angestellten anlangt, hat sich der österreichische Delegierte Dr. Sokal für den Fall der Annahme der früher erwähnten Vorschläge zugunsten einer Erweiterung dieser Haftung nach der Richtung ausgesprochen, daß der Aussteller nicht nur für die Delikte seiner mit der Scheckgebarung befaßten, sondern aller seiner Angestellten, ferner auch der Hausgenossen aufzukommen habe.

Bemerkenswert ist noch die Mitteilung des Prof. Gutteridge über die Rechtslage in England. Dort trifft die Gefahr der Einlösung eines verfälschten Schecks immer die Bank. Soferne es sich jedoch um die Unterschriften der Indossanten handelt, sind die Banken kraft ausdrücklicher gesetzlicher Vorschrift — das Gegenteil gilt für Nordamerika — von der Haftung befreit. War der Scheckbetrag verfälscht, so kommt es darauf an, ob der Aussteller die ihm durch das Common Law gegenüber dem Bankier auferlegten Vorsichtsmaßregeln eingehalten hat; ist dies der Fall, so haftet ebenfalls die Bank.

Daß sich die Konferenz schließlich gegen die Aufnahme der beantragten Regelung entschied, wird vor allem dadurch verständlich, daß die Scheckgesetze der meisten Staaten eine Vorschrift über die Tragung der Risken einer Fehlzahlung nicht enthalten. Auch gehörte diese Frage vielleicht nicht zu denen, deren einheitliche Lösung vom Standpunkte des internationalen Scheckverkehrs unbedingt geboten schien. Schließlich darf auch nicht übersehen werden, daß die Verteilung der Gefahr in den Fällen, in denen das Verschuldensprinzip nicht mehr ausreicht, im engsten Zusammenhang mit der Frage steht, in welchem Maße das moderne Prinzip der Erfolgshaftung in die einzelnen Gesetzgebungen eingedrungen ist.

Für Österreich muß das unbedingte Festhalten an der Bestimmung des § 20 unseres Scheckgesetzes gefordert werden. Diese Frage offen zu lassen, wäre ein legislativer Fehler schon deshalb, weil — wie die Begründung zum österreichischen Scheckgesetz hervorhebt — keine andere scheckrechtliche Frage die Gerichte (vor Erlassung des Scheckgesetzes) so oft beschäftigt hat wie die, wer für die Einlösung falscher oder verfälschter Schecks aufzukommen habe.

Wollte man die Beseitigung dieser Vorschrift aus unserem Scheckrechte etwa damit motivieren, daß die Rechtsprechung auch ohne ausdrückliche Vorschrift — wie der deutsche Delegierte Q u a s s o w s k i für den deutschen Rechtsbereich bestätigte — zu den gleichen Ergebnissen gelangen müßte, so wäre dieser Argumentation entgegenzuhalten, daß die Streichung des § 20, Z. 4, kaum anders denn als gewollte Abkehr von unserem geltenden Rechte ausgelegt werden könnte. Zu einem solchen Rückschritt läge aber — aus den früher dargelegten Gründen, die sich im wesentlichen mit den ausgezeichneten Motiven zum österreichischen Scheckgesetze decken — nicht der geringste Anlaß vor.[47])

Die österreichischen Kreditinstitute und Bankiers haben — nicht so auch die Vertreter der Industrie und der Kaufmannschaft — anläßlich ihrer Begutachtung des Expertenentwurfes empfohlen, in dieser Hinsicht unser geltendes Recht einer kleinen Änderung zu unterziehen. Es sollen nämlich sämtliche Angestellte und auch die Hausgenossen des Ausstellers in den Kreis der Personen einbezogen werden, deren deliktisches Verhalten der Aussteller zu vertreten hat. Canstein (a. a. O., S. 116) läßt schon auf Grund des geltenden Scheckgesetzes den Aussteller für Fälschungen und Verfälschung haften, die von der Ehegattin und den Verwandten des Ausstellers vorgenommen wurden, ebenso B e i ß e r (a. a. O., S. 18, Anmerkung 15). Ob darüber hinaus die Haftung des Ausstellers auch für Personen zu statuieren wäre, die mit der Scheckmanipulation nichts zu tun haben, bedarf wohl noch der Prüfung; denn soweit in solchen Fällen dem Aussteller Nachlässigkeit in der Verwahrung der Blankette zur Last fällt, haftet er ohnedies aus seinem e i g e n e n Verschulden.

S c h e c k s i n f r e m d e r W ä h r u n g. Gleich Art. 37 der deutschen Wechselordnung bestimmen die Haager Wechselordnung und Artikel 41 EWG., daß die Wechselsumme, wenn sie auf eine im Zahlungsorte nicht geltende Währung lautet, — vorbehaltlich der Effektivklausel —, in der Landeswährung nach dem Werte bezahlt werden kann, den sie am Verfalltag hat. Dieser Wert bestimmt sich, wenn der Aussteller nicht selbst im Wechsel einen Umrechnungskurs festgesetzt hat,[48]) nach

[47]) Die in das österr. Scheckgesetz aufgenommene Lösung wurde schon anläßlich der Expertenkonferenz, die 1894 im österr. Justizministerium stattfand, als Ausdruck der herrschenden Meinung bezeichnet. Vergl. darüber auch S t r a u ß, J. Bl. vom 13. Mai 1894; F i c k, a. a. O., S. 441 ff., und C a n s t e i n, a. a. O., S. 115.

[48]) Die Möglichkeit der Festsetzung des Umrechnungskurses wurde auf der Haager Konferenz auf Antrag der österreichischen Delegierten dem Aussteller eingeräumt.

den Handelsbräuchen des Zahlungsortes. Lautet der Wechsel auf eine Geldsorte, die im Lande der Ausstellung dieselbe Bezeichnung, aber einen anderen Wert hat als im Lande der Zahlung, so wird vermutet, daß die Geldsorte des Zahlungsortes gemeint ist.

Auf Antrag der Niederlande wurden diese Bestimmungen — gegen den Widerstand der skandinavischen Staaten, die unter Betonung des vermutlichen Parteiwillens und der dem Geld sich nähernden Natur des Schecks der Meinung waren, der Scheck müsse immer in der aus ihm selbst ersichtlichen Währung gezahlt werden — in das ESG. (Art. 26) aufgenommen. Maßgebend war die Erwägung, daß man sonst die Banken zur Auszahlung in landesfremder Währung nur dann verpflichten könnte, wenn ein Guthaben gerade in der entsprechenden Währung vorhanden ist.

Der erwähnte Artikel 41 EWG. enthält noch eine weitere Vorschrift, die darauf abzielt, Valutaspekulationen des Wechselschuldners auf dem Rücken des Wechselinhabers zu verhindern. Demnach hat dieser im Falle des Verzuges des Schuldners das Recht, nach seiner Wahl die Zahlung in Landeswährung nach dem Kurse des Verfalltages oder des Tages zu verlangen, an dem die Zahlung stattfand.

Von den Niederlanden und Italien wurde die Übernahme einer analogen Vorschrift in das ESG. verlangt. Da es aber beim Scheck keinen „Verfalltag" gibt, sollten die dargestellten Rechtsfolgen der mora debitoris nur dann eintreten, wenn der Scheck innerhalb der Präsentationsfrist vorgelegt wurde und der Bezogene die sofortige Einlösung ablehnt. — Der Fall der mora creditoris, den die italienische Delegation ursprünglich auch einbezogen wissen sollte, wurde vernachlässigt, weil ja der Bezogene nach Ablauf der Präsentationsfrist zur Zahlung nicht mehr verpflichtet ist, sich also dadurch wehren kann, daß er die Einlösung ablehnt.

Gegen diese Regelung wurde geltend gemacht, daß der Bezogene gar nicht in Verzug geraten kann, weil der Inhaber keinen Anspruch auf Zahlung gegen ihn hat. Auch hier trat also der Gegensatz zwischen dem System hervor, das im Texte des ESG. herrscht, und den Ländern, die von den entsprechenden Reserven Gebrauch machen und dem Inhaber zur Wahrung seiner Rechte an der Deckung gegen den Bezogenen direkte Ansprüche einräumen werden. Wenn sich die Konferenz trotz der besonders auch von deutscher Seite erhobenen Bedenken (mit 13 : 12 Stimmen) zur Annahme des Vorschlages der italienischen und niederländischen Delegation entschloß, so geschah es in der Erwägung, daß die Frage, ob bei dem der Zahlung zugrundegelegten Kurs der fremden Währung der Bezogene den Scheck auch wirklich „eingelöst" hat, für die weitere Frage von Bedeutung ist, inwieweit dem Inhaber ein Regreßrecht zusteht, ferner auch für den Umfang der Regreßobligation. Art. 41 EWG. gibt zwar — wie der Bericht des Redaktionsausschusses feststellt — keine direkte Auskunft über die zuletzt gestellte Frage. Immerhin haben sich aber die Berichterstatter der Genfer Wechselrechtskonferenz [49]) auf den Standpunkt gestellt, daß die genannte Vorschrift sich in erster Linie auf den Akzeptanten beziehe, Bestimmungen über den Kurs im Falle des Regresses jedoch überflüssig seien, weil die Regreßschuldner als Garanten des Akzeptanten für denselben Betrag haften wie dieser. —

Die Möglichkeit, einen auf fremde Währung lautenden Scheck in Landeswährung zu bezahlen, ist für den österreichischen (Art. 37 W. O.; Art. 336, Abs. 2, HGB.) und deutschen Gesetzbereich (§ 244 BGB.) schon heute gegeben. Maßgebend ist nach österreichischem Recht der Kurs des „Verfalltages", nach deutschem Recht der Wert der fremden Währung zur Zeit der Zahlung; es darf jedoch erinnert werden, daß die Judikatur des österreichischen Obersten Gerichtshofes während der Inflationszeit ebenfalls dazu gelangte, den Kurs des Zahlungstages entscheiden zu lassen. Die auf der Genfer Wechselrechtskonferenz gefundene, in das ESG. übernommene Bestimmung trifft sowohl für den Fall der Entwertung der Landeswährung — welcher der deutschen Regelung vorschwebt — als für den des Fallens der fremden Währung eine durchaus billige Lösung.[50])

Der Vorbehalt des Artikels 17 (Anhang II) gestattet den Vertragsstaaten, wenn sie es aus währungspolitischen Gründen für notwendig erachten, die Wirkungen der Effektivklausel für die auf ihren Gebieten zahlbaren, sowie für die dort in fremder Währung ausgestellten Schecks durch eine unmittelbar an die Vertragsstaaten zu richtende Mitteilung außer Kraft zu setzen; eine analoge Reserve enthält das Abkommen über das EWG.

Verrechnungsscheck, gekreuzter Scheck. Die Haager Konferenz hat beide Systeme, den in England ausgebildeten, von Frankreich und einer Reihe anderer Länder übernommenen gekreuzten Scheck und den der österreichisch-deutschen Rechtsgruppe eigenen Verrechnungsscheck als gleich-

[49]) Völkerbund-Dokument C 148, M 47; 1931, II., S. 140, Nr. 97.

[50]) Über die ausführl. Erörterung dieses Themas auf der Genfer Wechselrechtskonferenz siehe Quassowski, a. a. O., S. 783, und Sokal, Die Genfer Wechselrechtskonferenz 1930, S. 246, 247.

wertig anerkannt und in ihren Entwurf aufgenommen. Dieser gestattete jedoch den Vertragsstaaten, hinsichtlich der in ihrem Gebiete zahlbaren Schecks, eines der beiden Systeme auszuschließen. Der Expertenentwurf machte sich die Sache weit leichter, indem er den Verrechnungsscheck einfach unterdrückte.

Das Questionnaire des Völkerbundes empfahl das Studium der Frage, ob die beiden Systeme nicht der Verschmelzung in ein einziges zugänglich seien.

In Genf zeigte sich sehr bald, daß an die Beseitigung eines der beiden Systeme nicht zu denken ist. Von den auf der Konferenz vertretenen Staaten pflegen, nach Feststellung der deutschen Delegation, 14 das System des Verrechnungsschecks, 11 den gekreuzten Scheck. In diesen Ziffern sind auch Belgien, Jugoslavien, Portugal und die Türkei einbegriffen, deren Gesetze beide Schecktypen vorsehen; dasselbe tut der Schweizer Entwurf. Das neue polnische Scheckgesetz hingegen kennt nur den Verrechnungsscheck.

Auch die Idee einer vollen Verschmelzung beider Typen erwies sich angesichts der verschiedenen Wege, auf denen diese beiden Typen ihr gemeinsames Ziel — nämlich Sicherung gegen die Gefahren der freien Scheckzirkulation — zu erreichen trachten, wenigstens gegenwärtig als undurchführbar.

Selbst der Versuch einer Annäherung beider Systeme ist nicht gelungen. So hatte I t a l i e n eine Bestimmung vorgeschlagen, wonach ein Bankier einen Verrechnungsscheck nur von einem anderen Bankier oder von jemanden erwerben sowie zum Inkasso nehmen dürfe, der bei ihm ein Konto hat. Die s k a n d i n a v i s c h e n Staaten hingegen wollten die bare Auszahlung des gekreuzten Schecks verbieten. — Die Konferenz fand aber, man solle es dem Verkehr nicht verwehren, sich je nach den Bedürfnissen des Falles eines der beiden bereits ausgeprägten Systeme zu bedienen.

Nach dem Beispiel Haags entschloß man sich auch in Genf zur grundsätzlichen Zulassung beider Typen im ESG.

Die Bestimmungen über den g e k r e u z t e n Scheck wurden, soweit sie die Form der Kreuzung betreffen, aus dem Haager Entwurf übernommen. Befugt zur Kreuzung sind Aussteller und Inhaber. Die Kreuzung ist eine allgemeine oder eine besondere, letzteres dann, wenn zwischen die auf der Vorderseite des Schecks gezogenen zwei Parallelen der Name eines Bankiers gesetzt wird. Die allgemeine Kreuzung kann in eine besondere, nicht aber umgekehrt, umgewandelt werden. Die Zurücknahme der Kreuzung ist wirkungslos (Art. 37 ESG.).

Zweifellos einen Fortschritt in der Entwicklung des gekreuzten Schecks bedeuten die Änderungen, die Artikel 38 ESG. auf Antrag der skandinavischen Staatengruppe hinsichtlich der Wirkungen des Crossing an dem Haager Entwurf vorgenommen hat. Dieser hatte sich mit der Bestimmung begnügt, daß der allgemein gekreuzte Scheck vom Bezogenen nur an einen Bankier, der besonders gekreuzte Scheck an den namentlich bezeichneten Bankier bezahlt werden darf, wobei letzterem die Substituierung eines anderen Bankiers gestattet war. Der gekreuzte Scheck soll nunmehr auch an einen Kunden der bezogenen Bank gezahlt dürfen, weil der Umweg über eine zweite Bank dann sinnlos ist, wenn der Bezogene ohnehin den Inhaber kennt. — Dem durch die Kreuzung angestrebten Sicherungszweck entspricht andererseits die Verschärfung, die darin liegt, daß auch ein Bankier den gekreuzten Scheck nur von einem seiner Kunden oder von einem anderen Bankier erwerben und auch nur für Rechnung dieser Personen einziehen darf. Wenn darin auch kein absoluter Schutz liegt, da — wie die deutsche Delegation hervorhob — der Zwischeninhaber in mala fide sein kann, so werden doch durch diese Erschwerung des Erwerbes gekreuzter Schecks die Gefahrenquellen verringert. — Neu ist ferner die Vorschrift, daß ein Scheck, der mehr als zwei spezielle Kreuzungen aufweist, nicht eingelöst werden darf; liegen nur zwei vor, so darf er bezahlt werden, jedoch auch nur dann, wenn die eine dieser Kreuzungen zum Zwecke der Einziehung durch Einlieferung in eine Abrechnungsstelle erfolgt ist.

Der Bezogene oder der Bankier, der diesen Vorschriften zuwiderhandelt, haftet für den entstandenen Schaden bis zur Höhe der Schecksumme. Diese Haftung ist eine reine Erfolgshaftung; liegen die gemeinrechtlichen Voraussetzungen eines Schadenersatzanspruches vor, so kann der Geschädigte — wie der Bericht des Redaktionsausschusses feststellt — auch den Ersatz des allfälligen höheren Schadens verlangen.

Der Verrechnungsscheck findet im Artikel 39 ESG. eine der Vorschrift des Artikels 20 HE. und des § 14 deutschen Scheckgesetzes nachgebildete Regelung. Demnach kann der Aussteller und jeder Inhaber — das österreichische Scheckgesetz (§ 22) spricht in diesem Falle dieses Recht außer dem Aussteller nur dem „Indossanten" zu — durch den quer über die Vorderseite gesetzten Vermerk „nur zur Verrechnung" oder einen gleichbedeutenden Vermerk verbieten, daß der Scheck bar bezahlt wird. In diesem Falle darf der Bezogene den Scheck nur im Wege der Gutschrift (par écriture), also durch Verrechnung, Überweisung, Aufrechnung (crédit en compte, virement ou compensation) [51]) einlösen. Die Gutschrift gilt als Zahlung. Damit sind auch alle im österreichischen Scheckgesetz besonders aufgezählten Fälle — Verrechnung mit dem Bezogenen oder einem Girokunden desselben oder mit dem Mitglied einer Abrechnungsstelle — gedeckt. — Daß die Streichung des Verrechnungsvermerkes als nicht erfolgt gilt, entspricht ebenfalls dem österreichischen Scheckgesetz, welches allerdings von der „Zurücknahme" des Vermerkes spricht. Die Konferenz hat — ebenso beim gekreuzten Scheck — die wohl allein in Betracht kommende Erscheinungsform des auf Zurücknahme des Vermerkes gerichteten Parteiwillens, also die Streichung, hervorgehoben, ohne dadurch etwa das allgemeine Rücknahmeverbot abschwächen zu wollen.

Daß der Bezogene für den aus der Zuwiderhandlung gegen diese Vorschriften entstandenen Schaden nur bis zur Höhe der Schecksumme haftet, ist angesichts der früheren Ausführungen über die analoge Bestimmung beim gekreuzten Scheck nur eine geringfügige Einschränkung der Bestimmungen des österreichischen und deutschen Scheckgesetzes, die den Bezogenen für allen Schaden verantwortlich machen.

Die schwierigste Frage, die es im Zusammenhang mit der Regelung des gekreuzten und des Verrechnungsschecks zu lösen galt, war die, ob die Staaten, deren Recht nur das eine der beiden Systeme kennt, verpflichtet werden sollen, auch das andere einzuführen oder doch wenigstens Schecks dieser Art, wenn sie in ihr Gebiet gelangen, nach den für diesen Typus im ESG. getroffenen Vorschriften zu behandeln.

Von der deutschen und österreichischen Delegation wurden mit größtem Nachdruck die technischen Schwierigkeiten betont, die der Einführung des gekreuzten Schecks in ihren Ländern entgegenstehen. Insbesondere den deutschen Banken käme die durch die Umstellung notwendig werdende Belastung in einem Zeitpunkt sehr ungelegen, in dem die ganze Bankpraxis rationalisiert werden soll. In die ohnehin komplizierte deutsche Zahlungsorganisation würde ein neues Moment der Unruhe hineingetragen werden. Übrigens bestehe in Deutschland gar kein Bedürfnis nach dem gekreuzten Scheck, der Verrechnungsscheck erfülle klaglos die ihm zugedachte

---

51) „Compensation" wurde, um der schweizerischen Gesetzessprache entgegenzukommen, in der gemeinsamen deutschen Übersetzung mit „Ausgleichung" statt mit „Aufrechnung" wiedergegeben.

Funktion. Die deutsche Delegation erklärte darum, unbedingt auf einer Reserve bestehen zu müssen, die ihr gestatte, den gekreuzten Scheck in ihr Landesgesetz nicht aufzunehmen. Ein auf einen solchen Vorbehalt gerichteter Antrag wurde auch von Österreich, Ungarn, der Tschechoslovakei, Jugoslavien und der Schweiz mitunterfertigt.

Von den Delegationen der Länder, deren Gesetzgebung beide Schecktypen kennt, wurde eingewendet, die Einführung des zweiten Schecktypus sei bei ihnen reibungslos vor sich gegangen, weshalb ihnen der Widerstand der deutschen Bankkreise gegen die Einführung des gekreuzten Schecks kaum verständlich vorkomme.

Dem italienischen Vorschlag, die Länder des Verrechnungsschecks zu ermächtigen, den Kreuzungsvermerk für Inlandsschecks auszuschließen, sie aber zu verpflichten, die aus dem Ausland kommenden Schecks dieser Art als gekreuzte zu behandeln, wurde von der deutschen und österreichischen Delegation entgegengehalten, daß seine Verwirklichung — wie übrigens auch von Frankreich und der skandinavischen Staatengruppe anerkannt wurde — den gleichen Schwierigkeiten begegne wie die volle Zulassung des gekreuzten Schecks. Denn die Banken müßten sich dann gleichwohl mit diesem fremden Typus, mit der Praxis und Rechtsprechung der Länder, die ihn pflegen, vertraut machen und die erforderlichen Vorkehrungen für die Behandlung dieser Schecks treffen. Man dürfe nicht an die großen Banken allein, die eigene Abteilungen für den internationalen Scheckdienst besitzen, sondern müsse auch an die kleineren Institute und an die vielen Kassen denken, denen die Manipulation mit gekreuzten Schecks völlig fremd ist.

Das Kompromiß fand sich endlich in der von der österreichischen Regierung, entsprechend dem Gutachten der Wirtschaftskreise, schon in ihrer Antwortnote vorgeschlagenen, auf der Konferenz dann von Italien übernommenen Formel. Die Vertragsstaaten sollen berechtigt sein, in ihrem Landesrecht nur den gekreuzten oder nur den Verrechnungsscheck zuzulassen, müssen aber Schecks des anderen Systems nach den Vorschriften behandeln, die für den in ihren Ländern zugelassenen Typus gelten (Artikel 18, Anhang II). Demnach hätte z. B. Österreich einen vom Ausland nach Wien gezogenen gekreuzten Scheck als Verrechnungsscheck, Frankreich einen von Berlin nach Paris gezogenen Verrechnungsscheck als gekreuzten Scheck zu behandeln. Dieser Vorgang, der theoretisch gewiß — trotz der nicht übermäßigen Verschiedenheiten beider Schecktypen; es wird sehr häufig auch der gekreuzte Scheck nur verrechnet — sehr anfechtbar ist, wird nämlich schon heute praktiziert, ohne daß daraus Unzukömmlichkeiten entstanden wären. Daß die Länder des Doppelsystems dadurch, daß sie auf jeden Fall die von außen kommenden Schecks beider Systeme voll anerkennen müssen, vom Gesichtspunkt der Reziprozität benachteiligt seien, kann kaum behauptet werden, da ihnen die entsprechende Behandlung solcher Schecks Schwierigkeiten nicht bereitet.

Regreß mangels Zahlung. Das ESG. hat hinsichtlich der mit dem Regreß zusammenhängenden Fragen im wesentlichen die Regelung des E. W. G. übernommen.

1. Protest. Die Voraussetzungen, unter denen der Inhaber eines dishonorierten Schecks Regreß gegen seine Vormänner und den Aussteller nehmen kann, regelt Artikel 40 ESG. in gleicher Weise wie der HE. und § 16 des österreichischen und deutschen Scheckgesetzes. Die Nichterlangung der Zahlung muß durch Protest, durch eine vom Bezogenen auf den Scheck gesetzte, unterschriebene und datierte, den Tag der Vorlegung angebende Erklärung oder durch die datierte Bestätigung einer Abrechnungsstelle nachgewiesen werden.

2. Der Protesterlaß wird — übereinstimmend mit dem deutschen, abweichend vom österreichischen Scheckgesetz, das den Artikel 42 W. O. nicht übernahm, weil es den Protesterlaß angesichts der zwei von ihm eingeführten Formen des Protestersatzes für überflüssig hielt, — durch Artikel 43 ESG. (= § 46 E. W. G.) zugelassen. Er wirkt, wenn er vom Aussteller erteilt wird, absolut, d. h. gegenüber allen Scheckpflichtigen, sonst nur gegenüber denen, die ihn auf den Scheck setzten.

3. Protestfrist. Protest und Protestersatz müssen nach österreichischem Recht (§ 16, Abs. 4) spätestens am ersten Werktag nach erfolgter Präsentation vorgenommen werden. Nach deutschem Recht ist der Protest nur innerhalb der Vorlagefrist möglich. Der HE. bestimmte, daß der Protest (Ersatz) jedenfalls innerhalb der Präsentationsfrist vorzunehmen ist und gestattete den Vertragsstaaten eine Verschärfung dahin, daß der Protest, innerhalb der Vorlagefrist, spätestens an dem der Präsentation folgenden Werktage erhoben werden muß. Nach dem Expertenentwurfe sollte im wesentlichen dasselbe gelten; nur war die Milderung vorgesehen, daß der Protest noch innerhalb zweier dem Präsentationstage folgenden Werktage erhoben werden kann.

Das E. W. G. (Artikel 44) stellt für den Protest von

Sichtwechseln schlechthin die Präsentationsfrist zur Verfügung.

Die Genfer Konferenz (Artikel 41 ESG.) entschied sich dafür, den Protest (Protestersatz) zwar grundsätzlich nur innerhalb der Präsentationsfrist zuzulassen, gestatte jedoch die Ausnahme, daß, wenn der Scheck am letzten Tage der Frist vorgelegt wurde (Artikel 41), der Protest noch am folgenden Werktage vorgenommen werden kann.

Gerade auf diesem Gebiete zeigte sich, daß der Bruch mit eingewurzelten Gewohnheiten manchmal schwerer zu ertragen ist als radikale Änderungen in der Rechtsidee selbst. Eine Reihe von Vorbehalten mußte zugunsten der eingelebten Gewohnheiten der einzelnen Länder zugelassen werden. — So trägt die Reserve des Artikels 20 des Anhangs II dem Wunsche Italiens Rechnung, nach dessen Recht die Scheckverpflichtung des Ausstellers selbst dann fortbesteht, wenn der Scheck weder rechtzeitig präsentiert noch Protest erhoben wurde. — Frankreich und eine Reihe anderer Länder hat den Protestersatz nicht eingeführt. Ihnen kommt der Vorbehalt des Artikel 21 (Abs. 1, Anhang II) durch die der Landesgesetzgebung erteilte Befugnis entgegen, den Protest als einzige Form der Bestätigung der unterbliebenen Zahlung anzuerkennen. — Die in manchen Ländern bestehende Vorschrift, wonach die den Protest ersetzenden Bestätigungen innerhalb der Protestfrist in ein öffentliches Register einzutragen sind, können zufolge Absatz 2 der Reserve des Artikel 21 ebenfalls aufrecht erhalten werden. — Angesichts der Zulassung des Indossaments nach Erhebung des Protestes (Ersatzes) und nach Ablauf der Präsentationsfrist hatte Frankreich den Landesrechten die Anordnung vorbehalten wollen, daß die Tatsache des vorgenommenen Protestes (Ersatzes) auf dem Scheck selbst ersichtlich zu machen sei. Die Konferenz sah jedoch von der Statuierung einer solchen Reserve ab, da den Landesgesetzgebungen auch ohne sie die Erlassung entsprechender Bestimmungen freistehe.

4. Notifikation. Die Vorschriften des Artikel 42 ESG. über die Benachrichtigung der Vormänner von der unterbliebenen Einlösung sind den analogen Bestimmungen des Artikel 45 E. W. G. entnommen. Sie bedeuten, wie schon die identische Vorschrift des Artikel 44 des Haager Wechselrechtes, eine Ausgestaltung unseres geltenden Rechtes (Artikel 45—47 der deutschen WO.) insbesondere in der Richtung, daß auch der Aussteller zu benachrichtigen ist. Die Notifikationsfrist beträgt 4 (statt 2) Tage für die erste, zwei Tage für die von dem Benachrichtigten vorzunehmenden weiteren

Verständigungen. Die Nachricht kann in jeder Form, auch durch bloße Rücksendung des Schecks gegeben werden. Die Rechtsfolgen der unterbliebenen Benachrichtigung sind gegenüber unserem geltenden Rechte durch Beschränkung der Haftung auf die Schecksumme gemildert worden; hingegen bleibt der Anspruch auf Zinsen und Kosten aufrecht.

Den Ländern, die das System der Benachrichtigung durch den Protestbeamten besitzen oder einführen wollen, — es handelt sich um die baltischen Staaten —, ist diese Möglichkeit durch die Reserve des Artikels 22 (Anhang II) geboten.

5. Art und Umfang der Regreßansprüche. Entsprechend unserem Rechte (Artikel 49, 81 W. O.), dem Haager Wechselrechte und dem EWG. ist die Haftung aller Scheckverpflichteten eine solidarische. Gleichfalls unserem Rechte gemäß ist die Zulassung des Sprungregresses — er steht nicht nur dem Inhaber, sondern jedem Scheckverpflichteten zu, der den Scheck einlöste — und des Variationsrechtes (Artikel 43 ESG.).

Auch der Umfang der Rückgriffsansprüche (Artikel 45, 46 ESG. = Artikel 48, 49 EWG.) des Inhabers und der den Scheck einlösenden Scheckverpflichtenden deckt sich im wesentlichen mit den Vorschriften unseres Rechtes (Artikel 50, 51 WO.).

Die vom Tage der Präsentation oder dem Einlösungstage laufenden Zinsen betragen 6 vom Hundert. Der Vorbehalt des Artikel 23, Anhang II, räumt jedoch jedem Staate für die in seinem Gebiete zugleich ausgestellten und zahlbaren Schecks das Recht ein, an Stelle der 6% Zinsen solche in der Höhe der für sein Gebiet geltenden gesetzlichen Zinsen — also in Österreich bei Handelsgeschäften derzeit 9% — treten zu lassen. Von diesem Vorbehalt wird Österreich gewiß Gebrauch machen. Ebensowenig wird von den Banken darauf verzichtet werden, sich die Ermächtigung des Artikels 24 (Anhang II) nutzbar zu machen, der dem Inhaber oder dem, der den Scheck einlöste, das Recht auf eine Provision einräumt. Auch die Höhe dieser — im ESG. sowohl wie im EWG. nur im Wege der Reserve zugelassenen — Provision, deren gegenwärtiger Satz $1/3$% beträgt, wird aufrecht zu erhalten sein.

Die Vorschrift des Artikel 47 ESG. (= Artikel 50 EWG.), wonach jeder Scheckverpflichtete, der im Regreßwege in Anspruch genommen wird oder werden kann, die Ausfolgung des Schecks samt der Protesturkunde und einer quittierten Rechnung verlangen kann, wenn er die schuldige Summe bezahlt, stimmt mit Artikel 49 der Haager und Artikel 48 unserer WO. überein. — Daß der Indossant, der den Scheck einlöst, sein und seiner Nachmänner Indossamente durchstreichen kann, besagt ebenfalls schon Artikel 55 WO.

6. Einfluß der höheren Gewalt auf die Vornahme scheckrechtlicher Diligenzakte. Die Genfer Wechselrechtskonferenz hat — gegen den Expertenentwurf — auf Antrag der österreichischen Delegation die Folgen des Einflusses der höheren Gewalt auf die Vornahme der Präsentation und die Erhebung des Protestes im wesentlichen so entschieden wie Artikel 53 der Haager Wechselordnung. Diese Regelung ist anläßlich der Annexionskrise des Jahres 1912 für den österreichischen Gesetzesbereich durch das Gesetz vom 30. November 1912 in Kraft gesetzt worden. Die Vorschrift des Artikel 54 EWG. weist gegenüber ihrem Vorbild, somit auch dem erwähnten österreichischen Gesetze, allerdings eine nicht unwichtige Änderung auf, indem sie das in einem fremden Staate erlassene Moratorium ausdrücklich als einen Fall höherer Gewalt erklärt, während Haag es der gerichtlichen Beurteilung des einzelnen Falles überlassen hatte, ob derartige Stundungsgesetze als höhere Gewalt zu werten sind.

In der Fassung des EWG. ist die Haager Regelung auch in das ESG. (Artikel 48) übergegangen, jedoch mit der weiteren Änderung, daß die Wartefrist nicht 30, sondern nur 15 Tage beträgt. Ist also infolge eines unüberwindlichen Hindernisses die Vornahme der erwähnten Diligenzakte unmöglich, so kann der Inhaber des Schecks bei einer 15 Tage überschreitenden Dauer der höheren Gewalt Regreß nehmen, ohne daß es der Präsentation oder des Protestes bedürfte.

Die Bedeutung, die dieser Regelung vom Standpunkte des internationalen Verkehrs zukommt, hängt zum Teile von dem Gebrauche ab, der von der Reserve des Artikels 28 (Anhang II) gemacht werden kann. Sie gibt den Landesgesetzgebungen das Recht, „Ausnahmsvorschriften allgemeiner Art über den Zahlungsaufschub für Schecks und über die Fristen zu erlassen, innerhalb derer die zur Erhaltung der Rückgriffsrechte erforderlichen Handlungen vorzunehmen sind.“ Man kann darin lediglich die Befugnis zur Erlassung von Moratorien sehen, die außer Zweifel zu stellen im Hinblick auf die bindenden Bestimmungen des ESG. über die Zahlung des Schecks und die Voraussetzungen des Regresses durchaus nicht überflüssig war. Nach dieser Richtung scheinen die Ausführungen des Ausschußberichtes der Wechselrechtskonferenz zu Artikel 22 der analogen Reserve (Völkerbund-Dokument C 148, M 47, 1931, II, S. 154, Nr. 180) zu gehen. Die Bemerkungen des genannten Berichtes zu Artikel 54 aber (a. a. O., S. 144, Nr. 123, Absatz 2) legen der Reserve die Bedeutung der Möglichkeit einer Verlängerung der 30tägigen Wartefrist bei. Im gleichen Sinne versteht den Vorbehalt Quassowski (a. a. O., S. 787). Sokal (Die Genfer Wechselrechtskonferenz 1930, S. 254) betont, daß das in einem Lande erlassene Moratorium die Regreßnahme gegen die im moratoriumsfreien Lande ansässigen Regreßpflichtigen nicht aufzuhalten vermag. Ebenso sei klar, daß die zuletzt genannten Länder nicht etwa durch eine lediglich auf das Moratorium eines anderen Landes abgestellte Erstreckung der Regreßfristen die Regreßnahme aufschieben können; denn die Reserve beziehe sich ausdrücklich auf außerordentliche Maßnahmen allgemeiner Natur. Die Regreßnahme in den moratoriumfreien Ländern könnte nur aufgehalten werden, wenn in einem dieser Länder aus irgend einem anderen außerordentlichen Grunde gleichfalls ein Moratorium oder eine durch diese außerordentlichen Umstände veranlaßte Erstreckung kambialer Fristen verfügt würde. — Diesen Ausführungen gegenüber bleibt jedoch zweifelhaft, ob das moratoriumfreie Land nicht doch das fremde Moratorium als Notstand im Sinne der Reserve ansehen und die Wartefrist für die auf seinem Gebiete wohnhaften Garanten über das Ausmaß von 30 (15) Tagen erstrecken wird. — Der Bericht des Redaktionsausschusses der Scheckrechtskonferenz begründet die Reserve mit der Notwendigkeit, den Vertragsstaaten für den Fall, daß sie sich in außerordentlichen Wirtschaftsverhältnissen befinden, die Möglichkeit zu geben, Ausnahmen von den Bestimmungen des EWG. über die Fristen generell zu erlassen. — Bemerkt sei, daß die besprochene Reserve — im Gegensatz zu den einleitenden Worten der übrigen echten Vorbehalte — wenigstens äußerlich nicht auf die Bestimmungen des Artikel 48 ESG. bezogen wird.

Immerhin ist es bei der geschilderten Rechtslage durchaus möglich, daß der Vorbehalt des Art. 28 zu Abwehrmaßnahmen gegen fremde Moratorien benützt wird. Es scheint darum ein Gebot der Vorsicht, auch für Österreich, durch Erwirkung einer entsprechenden Ermächtigung für die Verordnungsgewalt, die rasche Anwendbarkeit der erwähnten Reserve zu sichern. Nach dem Muster des § 20 des Entwurfes eines Einführungsgesetzes zur Haager Wechselordnung dürfte sich daher eine Bestimmung empfehlen, wonach dann, wenn die rechtzeitige Vornahme von zur Ausübung und Erhaltung von

Wechsel- und Scheckrechten im Auslande vorzukehrender Diligenzakte durch eine dort erlassene Vorschrift verhindert wird, durch Verordnung bestimmt werden kann, daß die Rechte ungeachtet der Versäumung bestehen bleiben, sofern die Handlung unverzüglich nach Wegfall des Hindernisses nachgeholt wird; ferner daß im Falle einer solchen Verhinderung nach einer bestimmten Frist Rückgriff genommen werden kann, ohne daß der Diligenzakt nachgeholt werden müßte.

Scheckduplikate. Die im § 20 österreichischen Scheckgesetzes enthaltene Aufzählung der auch für den Scheck anzuwendenden Bestimmungen der Wechselordnung tut der Vorschriften der Artikel 66—69 über die Wechselduplikate keine Erwähnung. Canstein (a. a. O., S. 31) und Beisser (a. a. O., S. 27) erklären daher Scheckduplikate als nicht zugelassen. Anders § 9 deutschen Scheckgesetzes, das die Ausstellung mehrerer Ausfertigungen bei im Auslande zahlbaren, auf einen bestimmten Zahlungsempfänger gestellten Schecks ausdrücklich gestattet. Ebenso der HE. und die Experten für den Fall, daß der Scheck im Auslande oder im überseeischen Gebiet des Ausstellungslandes zahlbar ist.

Die österreichischen Wirtschaftskreise haben sich für die Zulassung von Duplikaten ausgesprochen, solange nicht international, durch entsprechende Regelung des Kraftloserklärungsverfahrens, für rasche Amortisierung Vorsorge getroffen wird.

Das ESG. (Artikel 49, 50) läßt Duplikate — ausgenommen bei Inhaberschecks — grundsätzlich zu. Voraussetzung ist, daß der Scheck in einem anderen Lande als dem der Ausstellung oder in dem überseeischen Gebiete des Landes der Ausstellung zahlbar ist und umgekehrt; es genügt auch, daß der Scheck im überseeischen Gebiete eines Landes ausgestellt und in dem anderen überseeischen Gebiete desselben Landes zahlbar ist. — Die Vorschriften über Form und Wirkung der Ausstellung mehrerer Exemplare eines Schecks stimmen mit unserem Wechselrechte überein.

Über Scheckkopien enthält das ESG. ebensowenig wie der HE. und das deutsche und österreichische Scheckgesetz eine Regelung. Die zuletzt genannten Gesetze beschränken sich auf die Feststellung, daß ein auf eine Abschrift des Schecks gesetztes Indossament scheckrechtlicher Wirkung entbehrt (§ 7 österreichischen, § 8 deutschen Scheckgesetzes). — Diesen Rechtssatz im neuen Scheckgesetze zu wiederholen besteht kein Bedürfnis, weil schon kraft der Vorschrift des Artikel 16 ESG. das Indossament wirksam nur auf den Scheck selbst oder eine Allonge gesetzt werden kann.

Änderungen im Schecktexte. Gemäß der für das österreichische Recht neuen, jedoch schon in der Haager Wechselordnung enthaltenen und von den österreichischen Sachverständigen damals gebilligten Vorschrift des Artikel 51 ESG. (= Artikel 69 EWG.) haften im Falle der Änderung des Textes eines Schecks diejenigen, die den Scheck nachher unterschrieben haben, entsprechend dem geänderten Texte; wer früher unterschreibt, haftet nach dem ursprünglichen Wortlaut.

Verjährung. Nach § 18 des österreichischen und § 20 des deutschen Scheckgesetzes verjähren die Regreßansprüche gegen den Aussteller und die übrigen Vormänner, wenn der Scheck in Europa zahlbar ist, in drei, sonst in 6 Monaten. Die Frist beginnt gegen den Inhaber mit dem Tage des Protestes — nach deutschem Recht mit dem Ablauf der Vorlegungsfrist —, gegen den Indossanten aber, wenn er vor Behändigung der Klage zahlt, mit dem Tage der Zahlung, sonst mit dem Tage der Klagsbehändigung.

Übereinstimmend mit dem HE. und dem Entwurf der Experten, mit dessen Vorschrift sich die österreichischen Wirtschaftskreise einverstanden erklärten, setzt Artikel 52 ESG. für die Verjährung der Rückgriffsansprüche eine einheitliche Frist von 6 Monaten fest. Sie beginnt, wenn es sich um den Regreß des Inhabers gegen die Indossanten, den Aussteller und die anderen Scheckverpflichteten (also auch den Bürgen) handelt, mit dem Ablauf der Präsentationsfrist, für Rückgriffsansprüche eines Scheckverpflichteten gegen einen anderen Scheckverpflichteten am Tage der Einlösung oder der gerichtlichen Geltendmachung des Schecks.

Nach den Feststellungen des Ausschußberichtes hat es die Konferenz den Landesrechten überlassen, die von der deutschen Delegation aufgerollte Frage zu regeln, ob auch die Ansprüche auf Schadenersatz wegen Verletzung der Bestimmungen über den gekreuzten und den Verrechnungsscheck hinsichtlich der Verjährung als Regreßansprüche zu behandeln sind. Ebenso kann die Landesgesetzgebung bestimmen, was für den Schadenersatzanspruch wegen unterlassener Notifikation gelten soll. Da es sich in diesen Fällen nicht um genau umschriebene Ansprüche nach Art der kambialen Obligationen handelt, wären hier wohl die Bestimmungen des bürgerlichen Rechtes über die Verjährung von Schadenersatzansprüchen zur Anwendung zu bringen.

Artikel 53 ESG. (= Artikel 71 EWG.) ordnet an, daß die Unterbrechung der Verjährung nur gegen den Scheckverpflichteten wirkt, in Ansehung dessen der die Unterbrechung herbeiführende Tatbestand eingetreten ist. Bestimmungen darüber, welche Tatsachen unterbrechend und hemmend wirken, enthält das ESG. nicht. Sie zu treffen ist zufolge des — uneigentlichen — Vorbehaltes des Artikel 26, Abs. 1, des Anhanges II Sache des Landesrechtes.

Die Frage, ob für das Gebiet des Wechsel- und Scheckrechtes noch an der Sonderregelung des Artikel 80 Wechselordnung festzuhalten oder aber auf die gemeinrechtlichen Vorschriften über die Verjährung zu verweisen wäre — hinsichtlich der Hemmungsgründe ist dies schon jetzt der Fall —, wird im Zusammenhang mit der Ratifikation des Wechselrechtsabkommens zu lösen sein. Hiebei wird für das ganze Gebiet des kambialen Rechtes ebenfalls einheitlich zu bestimmen sein, inwieweit im Sinne der Ermächtigung des 2. Absatzes der früher erwähnten Reserve die von den anderen Staaten zu treffende Regelung der Unterbrechungs- und Hemmungsgründe anerkannt werden soll; ferner welche Wirkung der gerichtlichen Geltendmachung des Wechsels oder Schecks hinsichtlich des Beginnes der für die Regreßansprüche geltenden Verjährungsfristen beizulegen ist, d. h. also, ob die Unterbrechung schon durch die Einbringung oder erst durch die Zustellung der Klage eintritt.

Vertragsklage, Bereicherungsklage. Auch für das Gebiet der Länder, deren Gesetze dem Inhaber nicht — wie es § 19 des österreichischen, § 22 des jugoslavischen und § 18, Abs. 1, des ungarischen Scheckgesetzes tun — die Vertragsklage ausdrücklich einräumen, besteht[52]) kein Zweifel, daß der Inhaber berechtigt ist, unter Verzicht auf seinen Regreßanspruch und gegen Rückstellung des Schecks auf das der Scheckbegebung zugrundeliegende Rechtsverhältnis zurückzugreifen und sich statt der Regreßklage der gemeinrechtlichen Vertragsklage zu bedienen. Durch rechtzeitige Präsentation und Protesterhebung erwirbt — wie die Begründung zum österreichischen Scheckgesetz sagt — der Scheckinhaber zu seiner Vertragsforderung und zur ursprünglichen Klage den Regreßanspruch als alternativen Anspruch noch hinzu. Wenn daher die erwähnten Gesetze der engeren österreichischen Rechtsgruppe die Vertragsklage zum Gegenstand ausdrücklicher Regelung machen, so geschah dies lediglich aus Vorsicht, um außer Zweifel zu stellen, daß — vorbehaltlich anderer Vereinbarung — der Ausstellung oder Begebung des Schecks novatorische Wirkung nicht zukommt, wer also die Hingabe des Schecks an Zahlungsstatt behauptet, eine darauf zielende Vereinbarung beweisen muß.

---

[52]) Vergl. Meyer, Weltscheckrecht I, S. 378 ff.

Zweifelhaft jedoch kann es sein, ob dem Inhaber das Zurückgehen auf das Mutterverhältnis auch dann gestattet ist, wenn er den Scheck schuldhaft präjudizieren ließ. Das österreichische, ungarische und jugoslavische Scheckgesetz haben diese Frage — u. zw. auch für den Fall der Verjährung des Regreßanspruches — ausdrücklich bejaht. Während aber nach österreichischem Recht der Inhaber sich den Verlust abziehen lassen muß, den der Aussteller infolge der unterbliebenen oder verspäteten Vorlage des Schecks beim Bezogenen erlitten hat — unter Umständen also eine exceptio de jure tertii —, bestimmt das ungarische Scheckgesetz, daß der Inhaber sich schlechthin allen Schaden einwenden lassen muß, der den belangten Vormann infolge der Präjudizierung getroffen hat.

Durch die ausdrückliche Zulassung der Vertragsklage auch im Falle der Präjudizierung und der Verjährung des Schecks sah sich das österreichische Scheckgesetz der Notwendigkeit enthoben, dem Inhaber eine besondere Bereicherungsklage gegen den Aussteller — wie sie § 21 des deutschen und § 18, Abs. 2, des ungarischen Gesetzes vorsieht — einzuräumen.

Das ESG. gestattet sowohl das Festhalten an der gegenwärtigen österreichischen Regelung als auch die Einführung der Bereicherungsklage gegen den Aussteller. Die „Reserve" des Artikel 19 (Anhang II) überläßt es der Landesgesetzgebung, alle Folgen zu regeln, welche die Rechtsbeziehungen betreffen, die der Ausstellung des Schecks zugrundeliegen. Gemäß dem, ebenfalls unechten, Vorbehalte des Artikels 25 (Anhang II) kann ferner jeder Staat bestimmen, daß in den Fällen des Rückgriffsverlustes oder der Verjährung ein Anspruch gegen den Aussteller, der keine Deckung geleistet hat, oder gegen den Aussteller oder Indossanten bestehen bleibt, der sich ungerechtfertigt bereichern würde. Daß dabei nicht nur an die Bereicherungsklage im engeren Sinne gedacht ist, sondern auch an die im österreichischen Rechte vorgesehene oben dargestellte Verwendung der Vertragsklage unterliegt keinem Zweifel.

Die Vorteile der österreichischen Regelung[53]) sind gewiß nicht zu verkennen. Trotzdem darf man an der Kritik nicht vorübergehen, die daran Canstein (a. a. O., S. 188 ff.) geübt hat. Er hält es für sehr zweifelhaft, ob der im § 19 unseres Gesetzes vorgezeichnete, mühsame, kostspielige und zeitraubende Weg besser ist als die wechselrechtliche Bereicherungsklage des Artikels 83 WO. Hätte man dem letzten Eigen-

[53]) Vergl. über die Bestimmungen des § 19 österr. Scheckgesetzes Pisko (a. a. O. S. 331), Beißer (a. a. O. S. 14, 15), Fick (a. a. O. S. 431 ff).

tümer des präjudizierten oder verjährten Schecks, dem das Verschulden an dem Verluste des Regreßrechtes zur Last fällt, direkt die Klage gegen den Aussteller auf Grund des Schecks gewährt, so wäre dieser Ordnungsregreß von einem zivilrechtlichen Schuldner zum anderen bis zum Aussteller hinauf und das Herablangen des geminderten Betrages in derselben Ordnung von oben bis zum letzten Indossatar erspart geblieben. Beim Inhaberscheck sei dieser Weg noch viel schwieriger, wenn nicht ganz unmöglich.

Diesen Bedenken könnte durch volle Übernahme der Regelung des § 18 ungarischen Scheckgesetzes Rechnung getragen werden, dessen 2. Absatz bestimmt, daß der Inhaber, dem der Regreß gegen den Aussteller nicht zusteht, sich insoweit an den Aussteller halten kann, als dieser sich sonst zum Schaden des Inhabers bereichern würde. Damit würde überdies eine Annäherung an das die wechselrechtliche Bereicherungsklage auch für den Scheck vorsehende deutsche Recht erzielt, wobei noch hervorzuheben ist, daß auch die österreichischen Wirtschaftskreise anläßlich der zur Vorbereitung der Genfer Konferenz durchgeführten Enquete die Vorzüge der ungarischen Regelung anerkannt haben.

Allgemeine Vorschriften über Fristenlauf und Feiertage. Die Vorschriften der Artikel 55 bis 57 ESW. (= Art. 72 bis 74 EWG.) über den Einfluß der Feiertage auf die Vornahme scheckrechtlicher Handlungen, über die Berechnung der Fristen und die Nichtanerkennung richterlicher oder gesetzlicher Respekttage entsprechen unserem geltenden Rechte.

Sachlicher Geltungsbereich des ESG. Der Vorbehalt des Art. 30 (Anhang II) wahrt den Vertragstaaten das Recht, von der Anwendung des ESG. ganz oder zum Teile auszuschließen: 1. Postschecks, 2. die besonderen Schecks, die von den Notenbanken, öffentlichen Kassen oder öffentlichen Kreditinstituten ausgestellt werden, soweit diese Schecks besonderen Vorschriften (réglementation spéciale) unterworfen sind.

Soweit die Reserve die Postschecks betrifft, geht sie auf den übereinstimmenden Wunsch Italiens und Frankreichs zurück, deren Recht den Postscheckdienst als eine Angelegenheit der staatlichen Verwaltung von den für Privatschecks geltenden Vorschriften ausnimmt. Dem ursprünglichen Antrage, die Postschecks vorbehaltslos aus dem Geltungsbereich des ESG. auszuscheiden, widersetzte sich vor allem Deutschland mit der Begründung, daß eine solche privatrechtliche Sonderstellung der Postschecks nicht im Sinne einer

Förderung des Postscheckverkehrs gelegen wäre. — Deutschland wird aus dieser Erwägung von dem Vorbehalte keinen Gebrauch machen; ebenso darf damit gerechnet werden, daß auch die österreichische Postverwaltung auf ihre Schecks die Bestimmungen des Scheckgesetzes angewendet wissen will.

Der zweite Teil der Reserve des Artikels 30, der ebenfalls auf eine Anregung Italiens zurückzuführen ist, bezieht sich auf Schecks, die von Kreditinstituten öffentlichen Rechtes ausgegeben werden. Es handelt sich hiebei in erster Linie um Emissionsinstitute, öffentliche Kassen, ferner um einige italienische Banken, die ehemals Notenbanken waren, wie z. B. der Banco di Napoli, und die auch jetzt noch gewisse Privilegien genießen, andererseits aber durch Sondervorschriften intensiverer Staatsaufsicht unterworfen sind. Derartige Kreditinstitute können normale, dem ESG. unterstehende Schecks ausstellen. Sie sollen aber auch die besonderen Schecktypen weiter pflegen dürfen, die in einzelnen Ländern durch Spezialgesetze (wie z. B. in Italien die „assegni circolari" hinsichtlich der Deckung, der Höhe des zulässigen Umlaufes von Schecks u. dgl. durch Gesetz vom 7. Oktober 1923) geregelt sind. Diese besonderen Schecks noch durch den Vorbehalt des Art. 30 zu decken, war vielleicht überflüssige Vorsicht, soweit solche Schecks von vornherein nicht den wesentlichen Erfordernissen des Art. 1 ESG. entsprechen, sei es weil sie ein Zahlungsmandat nicht enthalten, sondern sich als Verpflichtungserklärungen der ausstellenden Institute darstellen, sei es weil sie, wie z. B. der assegno circolare, der Scheckklausel (für Italien assegno bancario) ermangeln.

Für den österreichischen und deutschen Gesetzesbereich kämen als solche besondere Schecks allenfalls die mit der Bestätigung der Nationalbank oder der Reichsbank versehenen Schecks in Betracht. Auch für diese Schecks liegt jedoch kein Anlaß vor, von dem Vorbehalte des Artikel 30 Gebrauch zu machen. Wie früher gezeigt wurde, gibt schon die Reserve des Art. 6 die Möglichkeit, die Vorschriften aufrecht zu erhalten, die für die bestätigten Schecks der Reichsbank und der Nationalbank in Kraft stehen.

B. Das internationale Scheckprivatrecht.[54])

Wie die vorliegende Darstellung des ESG. zeigt, hat das Einheitliche Gesetz eine Reihe von Fragen von vornherein den Landesgesetzgebungen zur Regelung überlassen. Für eine

[54]) Wird im folgenden als JS. bezeichnet; das Abkommen über Bestimmungen auf dem Gebiete des internationalen Wechselprivatrechtes wird mit JW. abgekürzt.

andere Gruppe von Fragen hat das ESG. zwar in seinem Texte eine einheitliche Lösung vorgesehen, durch die in das Abkommen aufgenommenen Vorbehalte aber die Vertragsstaaten ermächtigt, die Regelung in einer vom einheitlichen Texte abweichenden Weise vorzunehmen. Wie schon der HE. und der Entwurf der Experten hat es darum auch die Genfer Konferenz für notwendig erachtet, für den zwischenstaatlichen Scheckverkehr Normen zur Lösung der Gesetzeskonflikte zu schaffen, die innerhalb des örtlichen Geltungsbereiches des ESG. entstehen können.

Angesichts der Wichtigkeit einiger Gegenstände, hinsichtlich derer eine einheitliche Regelung nicht zustande kam oder nur den Charakter völkerrechtlich abdingbarer Normen erreichte, ist die Bedeutung des JS. auch für die Staaten durchaus nicht gering einzuschätzen, die Vertragsteile des Abkommens über das ESG. sind. Noch bedeutsamer wären diese Kollisionsnormen naturgemäß für die Länder, die nur Vertragsteile des JS. sind. Allerdings haben die Staaten, die bisher das zuletzt genannte Abkommen unterzeichnet haben, auch das Übereinkommen über das ESG. unterfertigt, so daß anzunehmen ist, daß die Vertragsgebiete beider Abkommen sich decken werden.

Inhaltlich fußen die Genfer Kollisionsnormen auf dem HE., hauptsächlich aber auf den Vorschlägen der Experten. Auch auf diesem Gebiete hat es sich die Konferenz angelegen sein lassen, die Konfliktsregelung des JW. auch für den Scheck heranzuziehen, soweit deren Verpflanzung auf den Boden des Scheckrechtes nicht sachlichen Bedenken begegnete.

Scheckrechtliche Handlungsfähigkeit. Das ESG. hat Bestimmungen über die scheckrechtliche Handlungsfähigkeit nicht getroffen. Nur das JS. beschäftigt sich mit dieser Frage und läßt für die Beurteilung der Fähigkeit zur Übernahme scheckl icher Verpflichtungen das Heimatrecht maßgebend sein (Artikel 2). Eine Ausnahme von diesem Prinzip liegt allerdings in der Vorschrift, wonach dann, wenn das Heimatrecht auf ein anderes Gesetz verweist, dieses anzuwenden ist. Eine weitere Ausnahme ist zu Gunsten der Scheckfähigkeit für den Fall getroffen worden, daß die Verpflichtungsfähigkeit wenigstens nach dem Gesetze des Ortes besteht, wo die Verpflichtung übernommen wurde. Die Giltigkeit solcher Verpflichtungen seiner Staatsangehörigen braucht aber der Heimatstaat — so auch Art. 18 des Haager Abkommens — nicht anzuerkennen.

Diese Regelung stimmt mit dem HE., dem Entwurf der Experten, dem Art. 2 des JW. sowie dem deutschen Rechte überein. Sie entspricht im wesentlichen auch dem österr. Wechselrechte, wobei allerdings hervorzuheben ist, daß das österr. Scheckgesetz die in Betracht kommende Vorschrift des Art. 84 W. O. nicht übernommen hat.[55])

Passive Scheckfähigkeit. Für die Beurteilung der Frage, was in Österreich Rechtens ist, wenn ein Scheck vom Auslande auf einen in Österreich wohnhaften Nichtbankier gezogen wird, ist davon auszugehen, daß die passive Scheckfähigkeit zu den wesentlichen Erfordernissen des Schecks gehört. Gemäß § 20, Z. 7, österr. Scheckgesetzes (Art. 85 WO.) wäre somit das Recht des Ausstellungsortes maßgebend. Ein von Österreich auf einen Nichtbankier ins Ausland gezogener Scheck hingegen könnte nach österr. Rechte nicht als Scheck angesehen werden (ebenso Canstein a. a. O., S. 93). Eine gegensätzliche Regelung trifft § 25 deutschen Scheckgesetzes, wonach im Auslande zahlbare Schecks auch auf Bezogene lauten können, die nur nach dem Recht des Zahlungsortes passiv scheckfähig sind.

Artikel 3 JS. läßt für die Frage der passiven Scheckfähigkeit, in sachlich vollkommen gerechtfertigter Weise, das Recht des Zahlungsortes entscheiden. Diese Vorschrift ist umso bedeutsamer, als das ESG. die Vertragsstaaten ermächtigt, die auf ihrem Gebiete zugleich ausgestellten und zahlbaren Schecks bei mangelnder passiver Scheckfähigkeit des Bezogenen als nichtig zu behandeln. Um aber die unbilligen Auswirkungen des eingangs dargelegten Grundsatzes abzuschwächen, ist, wie schon früher erwähnt, auf Grund eines vom niederländischen Delegierten Dr. Asser gestellten Antrages zugunsten des Grundsatzes der lex loci actus für die Verpflichtungserklärungen eine Ausnahme getroffen worden, die auf einen nach dem Rechte des Zahlungsortes mangels passiver Scheckfähigkeit des Bezogenen nichtigen Scheck gesetzt wurden. Sieht also das Gesetz des Landes, in dem die Verpflichtungserklärung unterschrieben wurde, die Nichtigkeit des Schecks aus dem genannten Grunde nicht vor, so sind diese Erklärungen giltig. Der Inhaber kann somit gegen seine Vormänner, insbesondere den Aussteller Rückgriff nehmen, wenn deren Scheckverpflichtungen in einem Lande entstanden

---

[55]) Canstein a. a. O., S. 187, läßt darum hinsichtlich der scheckrechtlichen Verpflichtungsfähigkeit der Ausländer nicht Art. 84 WO., sondern die Bestimmungen der §§ 34, 35 abGB. entscheidend sein. Über die Kollisionsnormen der Expertenentwürfe vgl. Strauß, Die Vereinheitlichung des kontinentalen Wechselrechts, Juristische Blätter, 1928, S. 552, 553.

sind, nach deren Recht der Giltigkeit des Schecks der Mangel der passiven Scheckfähigkeit des Bezogenen nicht entgegensteht.

Form der Scheckerklärungen. Wie für das österreichische und deutsche Recht gilt gemäß Art. 4 JS. (= Art. 4 JW.) für die Form der Scheckerklärungen der Grundsatz locus regit actum. Es genügt jedoch, wie das JS. im Interesse der Verkehrssicherheit und in Übereinstimmung mit dem Expertenentwurf sowie der Gesetzgebung verschiedener Staaten vorschreibt, die Beobachtung der nach dem Rechte des Zahlungsortes maßgebenden Form. Entspricht die Form einer Scheckerklärung weder dem Rechte des Landes, in dem sie unterschrieben wurde, noch dem des Zahlungsortes, wohl aber den Gesetzen des Landes, in dem eine spätere Erklärung auf den Scheck gesetzt wurde, so steht der Formmangel der ersten Scheckerklärung der Giltigkeit der späteren Erklärungen nicht im Wege. Eine Regel, die im wesentlichen schon Art. 85, Abs. 2, WO. aufstellt und die durch die Fassung des JS. den Rang einer sogenannten vollkommenen Kollisionsnorm erhalten hat. — Nach Art. 4, Abs. 3 (= Art. 4, Abs. 3 JW.) kann jeder Staat die Giltigkeit der von seinen Staatsangehörigen im Auslande abgegebenen, seinem Rechte entsprechenden Scheckerklärungen anerkennen; hiedurch wird die Aufrechterhaltung des Absatzes 3 des Art. 85 WO. ermöglicht.

Da es gelungen ist, die Formerfordernisse, also die wesentlichen Bestandteile des Schecks durch das ESG. einheitlich zu gestalten, sind die Bestimmungen des Art. 4 JS. innerhalb des Geltungsbereiches des ESG. nahezu bedeutungslos.[56])

Wirkung der Scheckerklärungen. Größere Bedeutung als den Konfliktsregeln über die Form der Scheckerklärungen kommt, wie Quassowski (Die Genfer Abkommen über die Vereinheitlichung des Wechselrechtes, S. 789) für den Bereich des Wechselrechtes mit Recht betont, und was in gleicher Weise auch für den Scheck gilt, den Kollisionsnormen über die Wirkung der Scheckerklärungen zu. Zumal dann, wenn man zu den Wirkungen der kambialen Erklärungen „außer Art und Umfang der Haftung auch die Voraussetzungen für die Erzwingung ihrer Erfüllung sowie die Gründe ihres Untergangs, insb. auch die Normen über die Verjährung" (Quassowski, a. a. O.) rechnet.

Der Genfer Wechselrechtskonferenz lag der Vorschlag der Experten zugrunde, über die Wirkungen der Wechselerklä-

[56]) vergl. hiezu Quassowski, Das einheitliche Scheckgesetz, S. 393.

rungen nicht die lex loci actus, sondern das Recht des Wohnsitzes des Scheckverpflichteten entscheiden zu lassen. Die Konferenz beschäftigte sich dann eindringlich mit einem italienischen Antrage, der darauf abzielte, die Schwierigkeiten zu vermeiden, die entstehen können, wenn die Kollisionsnormen auf die einzelnen Skripturakte abgestellt werden, und die darin liegen, daß verschiedene Gesetze für die Beurteilung der Wirkungen der einzelnen Scheckerklärungen angewendet werden müßten. Diesen Unzukömmlichkeiten sollte nach dem von Prof. Diena vertretenen Vorschlag dadurch begegnet werden, daß für die Beurteilung der Wirkungen sämtlicher Wechselerklärungen das gleiche Recht, u. zw. das Recht des Wohnsitzes des Unterfertigenden maßgebend zu sein hätte. Die lex loci actus sollte nach Meinung der italienischen Delegation schon deshalb außer Betracht bleiben, weil man häufig, insbesondere bei den Indossamenten, nicht wisse, in welchem Lande die Erklärung auf das Papier gesetzt wurde, ganz abgesehen davon, daß es ein leichtes sei, auf dem Scheck einen anderen Ort als den der tatsächlichen Unterschrift anzugeben. Dem italienischen Antrage wurden außer der Unbestimmtheit des Domizilbegriffes und dem Umstand, daß der Wohnsitz nicht aus dem Papier selbst entnommen werden kann, noch andre Einwände entgegengehalten. So z. B., daß die Verwirklichung dieses Antrages den zwischen der kambialen Erklärung und dem Grundgeschäfte bestehenden Zusammenhang zerreißen würde und die Anwendung verschiedener Normen für die gemeinrechtliche und für die kambiale Seite des Geschäftes zur Folge hätte. Überdies entspreche dem vermutlichen Parteiwillen am besten die Anwendung des Rechtes des Ursprungslandes.

Der italienische Antrag vermochte sich auf der Wechselkonferenz nicht durchzusetzen. Auf der Scheckkonferenz wurde er zwar wiederholt, angesichts der ablehnenden Haltung einer Reihe von Delegationen aber zurückgezogen. Art. 5 JS. bestimmt vielmehr, übereinstimmend mit Art. 4, Abs. 2, JW., dem Expertenentwurf und dem österr. und deutschen Rechte, daß die Wirkungen der Scheckerklärungen sich nach dem Rechte des Landes bestimmen, in dessen Gebiet die Erklärung unterschrieben worden ist.[57])

---

[57]) Über die Genfer Regelung s. Kaiser, Die Wirkung der Wechselerklärungen im internationalen Privatrecht, 1931, S. 55 ff.; 89, 90; 111. Für das internationale österr. Wechselrecht Grünhut, Wechselrecht, II, § 142; Bettelheim, Das internationale Wechselrecht Österreichs, Lenhoff bei Magnus, Tabellen zum internationalen Wechselrecht, S. 206.

Wohl aber drang der *italienische*, eminent praktischen Erwägungen entspringende Vorschlag — wie schon seinerzeit auf der Wechselrechtskonferenz (Art. 5 JW.) — auch auf der Scheckkonferenz insoweit durch, *als die Fristen zur Ausübung des Rückgriffsrechtes* für *alle* Scheckverpflichteten nach einem einheitlichen Gesichtspunkte bestimmt werden (Art. 6 JS.).[58]) Maßgebend hiefür war die Erwägung, daß angesichts der in einigen Ländern bestehenden Ausschlußfristen andernfalls die Gefahr bestünde, daß „ein Indossant beim Rücklauf des Schecks zu einer Zeit in Anspruch genommen wird, zu der er selbst wegen Ablaufes der gegen ihn laufenden Ausschlußfrist seinen Vormann, insbesondere den Aussteller, nicht mehr in Anspruch nehmen kann". (*Quassowski*, Vereinheitlichung des Wechselrechtes, S. 790.) Wie in Art. 5 JW. wurde als maßgebend das Recht des Ortes erklärt, in dem der Scheck *ausgestellt* worden ist. Der Bericht des Redaktionsausschusses der Wechselrechtskonferenz betont, daß diese Norm zwischen den Staaten nicht zur Anwendung gelangen wird, die dem Abkommen über das EWG. angehören; denn Ausnahmen von den Vorschriften des einheitlichen Rechtes über die Fristen zur Geltendmachung der Regreßansprüche seien nicht zugelassen. Dasselbe gilt auch für den Bereich des Scheckrechtes.

Form des Protestes und der übrigen Diligenzakte; Fristen für die Protesterhebung. Daß diese Formen und Fristen nach dem Rechte des Landes zu beurteilen sind, in dem der Protest zu erheben oder die Handlung vorzunehmen ist (Art. 8 JS. = Art. 8 JW.), bedarf keiner Begründung.

Nach welchem Rechte der Komplex der mit der *Notifikation* zusammenhängenden Fragen zu behandeln ist, hat die Konferenz nicht entschieden. Nach einer Meinung sollen die Kollisionsnormen über den Protest, nach einer anderen jene über die Wirkungen der Scheckerklärungen, nach einer dritten endlich die allgemeinen Normen des internationalen Scheckprivatrechtes maßgebend sein, die ebenfalls das Recht des Ortes der vorzunehmenden Handlung entscheiden lassen.

Bedeutung des Zahlungsortes. Art. 7 JS. führt in 9 Punkten die Fragen an, die nach dem Rechte des Zahlungsortes, also des Sitzes des Bezogenen, bei Domizilschecks des Ortes, an dem der Dritte wohnt, zu beurteilen sind. Wie gemäß Art. 7 und 9 JW. ist dies zunächst der Fall

[58]) vergl. die kritische Untersuchung dieser Kollisionsnorm durch *Raiser*, a. a. O., S. 67 ff.

hinsichtlich der Frage, ob der Inhaber eine *Teilzahlung* annehmen muß (Nr. 9 des Art. 7 JS.) und der Maßnahmen, die bei *Verlust oder Diebstahl* eines Schecks zu ergreifen sind (Nr. 8 des Art. 7 JS.).

Weiters ist nach dem Recht des Zahlungsortes zu beurteilen, ob ein *Protest* (Protestersatz) zur Erhaltung des Rückgriffsrechtes *notwendig ist* (Nr. 9 des Art. 7 JS.), eine Frage, die hauptsächlich im Verhältnis zu Italien von Bedeutung ist, nach dessen Recht gegen den Aussteller trotz Unterlassung des Protestes Regreß genommen werden kann.

Daß für die Frage der *Dauer der Vorlegungsfristen* gleichfalls das Recht des Zahlungsortes maßgebend ist (Nr. 2 des Art. 7 JS.), entspricht dem österr. und deutschen Recht (§ 9, Abs. 6, des österr., § 11, Abs. 2, des deutschen Scheckgesetzes). Die Zulässigkeit der *Annahme des Schecks*, seiner *Bestätigung*, *Zertifizierung* oder *Vidierung* sowie die Wirkungen dieser Vermerke sind ebenfalls nach dem Recht des Zahlungsortes zu beurteilen. Da das Akzept zufolge der Regelung des ESG. wirkungslos ist, kommt dieser Konfliktsnorm, soweit es sich um die Annahme des Scheckes handelt, für das Vertragsinland des ESG. keine Bedeutung zu. Dasselbe gilt für die unter Z. 1 des Art. 7 JS. (= Art. 10 Expertenentwurfes) enthaltene Regel, wonach der Zahlungsort auch für die Frage entscheidend ist, ob der *Scheck notwendig Sichtpapier* ist oder ob er auch auf eine bestimmte Zeit nach Sicht zahlbar gestellt werden kann und welche Wirkungen der *Vordatierung* zukommen.

Weiters kommen in Betracht die Fragen, nach welchem Gesetz der *Widerruf*, das Recht des *Widerspruchs* gegen die Einlösung des Schecks, die *Rechte an der Deckung* und der Anspruch auf *Teilzahlung* bei teilweise vorhandener Deckung zu behandeln sind.

Angesichts des innigen Zusammenhangs, der zwischen dem Widerruf und dem Widerspruch gegen die Einlösung des Schecks einerseits, andererseits dem Rechte an der Deckung sowie dem Anspruche auf Teilzahlung bei teilweiser Deckung besteht, da ja der Widerruf faktisch auch über das Schicksal der Rechte an der Provision entscheidet, war sich die Konferenz bald darüber einig, daß diese Fragen nur nach einem einheitlichen Gesichtspunkte gelöst werden können.

Der Expertenentwurf hatte eine Kollisionsnorm nur hinsichtlich der Frage des *Rechtes an der Deckung* aufgestellt und das Recht des Zahlungsortes als maßgebend bezeichnet. Anders Art. 5 JW., der für den Wechsel den Ausstellungsort entscheiden läßt. Dieselbe Regelung wollte die italienische Delegation auch für den Scheck übernommen wissen. Man hielt ihrem Antrage jedoch entgegen, daß die Wahl des Zahlungsortes mit der im internationalen Privatrecht herrschenden Meinung im Einklang stehe, welche die Rechte an der Provision als Wirkung einer cessio legis behandelt. Das Institut für internationales Privatrecht, das sich 1927 anläßlich seiner Washingtoner Session mit den Kollisionsnormen auf scheckrechtlichem Gebiete befaßte, habe sich ebenfalls für den Zahlungsort ausgesprochen. Die analoge Heranziehung der Regelung des Art. 5 IW. sei nicht am Platze, weil zwischen Wechsel und Scheck in der Provisionsfrage praktisch sehr bedeutsame Unterschiede bestehen. Während nämlich der Wechselziehung die verschiedensten, oft schwer bestimmbaren Beziehungen zwischen Aussteller und Bezogenen zugrundeliegen können, treffe das ESG. für den Scheck die klare Vorschrift, daß er nur auf Grund eines Guthabens gezogen werden darf. Andererseits entspreche im Gebiete des Wechsels der Provision immer eine der Höhe nach genau bestimmte Forderung, während bei der Ausstellung eines Schecks das Guthaben nicht mit der Höhe des Scheckbetrages übereinstimmen müsse. — Schließlich sei es, wie insbesondere der Chef der schwedischen Delegation, Baron Marks von Würtemberg betonte, in dieser Frage durchaus billig, der schwierigen Situation Rechnung zu tragen, in der sich die bezogenen Banken befinden. Sie seien verpflichtet, sofort bei der Vorlegung den Scheck einzulösen. Der Scheckdienst sei ein Massengeschäft, man könne also den Banken nicht die Pflicht auferlegen, bei jedem Scheck zu untersuchen, ob er nicht etwa aus dem Ausland komme, und in diesem Falle Nachforschungen über das im Ausland geltende Recht anzustellen.[59])

Die Konferenz schloß sich dieser Auffassung an und hat in den Kollisionsnormen der Nr. 6, 7 und 4 des Art. 7 für die Beurteilung der früher erwähnten Fragen das Recht des Zahlungsortes für maßgebend erklärt. Die Banken haben daher lediglich das in ihrem Lande geltende Recht zu beachten. Sie haben den Widerruf nur zu berücksichtigen, soweit ihr Landesgesetz ihn zuläßt, desgleichen einen Widerspruch des Inhabers oder Ausstellers gegen die Einlösung des Schecks. Sie werden durch eine trotz Konkurses des Ausstellers geleistete Zahlung befreit, soweit sie das für diesen Fall nach dem

[59]) Wogegen man freilich einwenden kann, daß die Kenntnis des ausländischen Rechtes dem Akzeptanten eines Wechsels unter Umständen noch viel weniger zugemutet werden darf als einer Bank.

Rechte des Zahlungsortes erforderliche Maß der Vorsicht erfüllten.

Daß auch in der Frage der Wirkungen des Kreuzungs- und Verrechnungsvermerkes das Recht des Zahlungsortes den Sieg davon trug (Nr. 6 des Art. 7), konnte angesichts der Haltung nicht zweifelhaft sein, welche die Konferenz in der Frage einnahm, wie die gekreuzten Schecks in den Ländern zu behandeln sind, die nur den Verrechnungsscheck kennen.

Eine längere Debatte fand aber darüber statt, ob das Recht des Zahlungsortes einen gekreuzten Scheck auch während der Zeit zu beherrschen habe, in der er in seinem Ursprungsland umläuft. Soll z. B. die Tatsache, daß ein aus Italien nach Deutschland gezogener Scheck während seines Laufes in Italien von jemanden erworben wurde, der weder selbst Bankier noch Kunde der erwerbenden Bank ist, keinerlei Rechtsfolgen zeitigen? Eine Frage, die dann aktuell werden kann, wenn der Scheck dem rechtmäßigen Inhaber abhanden gekommen war. Trotz dieser, besonders von Prof. Kosters (Niederlande) und Prof. Sulkowski (Polen) rege gemachten Bedenken, konnte sich die Konferenz nicht entschließen, die Anwendung des Rechtes des Zahlungsortes lediglich auf die Frage der Wirkung der Zahlung selbst einzuschränken. Die Kollisionsnorm wurde vielmehr schlechthin so formuliert, daß die Frage, ob ein Scheck gekreuzt oder mit dem Verrechnungsvermerk versehen werden kann und welches die Wirkungen dieser Vermerke sind, sich nach dem Gesetze des Landes bestimmt, in dessen Gebiet der Scheck zahlbar ist.

Nicht unerwähnt soll bleiben, daß für die Beantwortung der im JS. nicht ausdrücklich geregelten Fragen selbstverständlich die allgemeinen Normen des internationalen Privatrechtes maßgebend zu sein haben.

Die Vertragsstaaten des JS. sind gemäß Art. 1 dieses Abkommens nur verpflichtet, in ihrem gegenseitigen Verhältnis die dargestellten Kollisionsnormen zur Anwendung zu bringen. Art. 9 (= Art. 10 JW.) behält ihnen überdies vor, diese Normen nicht zur Anwendung zu bringen, wenn es sich um außerhalb des Vertragsgebietes eingegangene Scheckverpflichtungen handelt; das gleiche gilt, wenn das nach den Kollisionsnormen maßgebende Recht das Recht eines dem Vertrage nicht angehörenden Staates ist. Damit soll eine sanfte Gewalt zum Beitritt an das ESG. und das JS. ausgeübt werden. Das Haager Abkommen über die einheitliche WO.

hatte dieselbe Ermächtigung vorgesehen. Trotzdem hat davon weder Deutschland noch Österreich, wie die beiderseitigen Entwürfe zur Einführung des Haager Rechtes zeigen, Gebrauch gemacht, sondern die Kollisionsnormen der Haager Wechselordnung ganz allgemein, ohne Einschränkung auf das Vertragsinland, zur Übernahme in das nationale Recht vorgeschlagen. Derselbe Vorgang wäre gegenüber dem Genfer Kollisionsrechte einzuhalten. Denn es scheint im hohen Maße unzweckmäßig und würde nur Unsicherheit in der Rechtsanwendung hervorrufen, wollte man für das Vertragsinland das Recht des JS., für das Vertragsausland das allgemeine internationale Privatrecht zur Anwendung gelangen lassen.

C. Das Abkommen über das Verhältnis der Stempelgesetze zum Scheckrecht.

Gemäß Art. 1 des obgenannten Abkommens — das einzige übrigens, dem auch England beigetreten ist — verpflichten sich die Vertragsstaaten, ihre Gesetze, falls sie nicht schon eine solche Bestimmung enthalten, dahin abzuändern, daß die Giltigkeit von Scheckverpflichtungen oder ihre Geltendmachung von der Beobachtung einer Stempelvorschrift unabhängig sind. Doch können die Vertragsstaaten das Recht zur Geltendmachung dieser Ansprüche bis zur Zahlung der vorgeschriebenen Stempelbeträge oder verwirkter Stempelstrafen aufschieben. Sie können auch vorschreiben, daß die Eigenschaft und die Wirkungen einer unmittelbar vollstreckbaren Urkunde, die nach ihrem Gesetz etwa dem Scheck zukommen — wie dies in Italien der Fall ist — davon abhängig sind, daß der Stempelbetrag gemäß den Vorschriften ihrer Gesetze schon bei der Ausstellung des Schecks gehörig entrichtet worden ist.

Dieselbe Verpflichtung enthält für den Wechsel Art. 19 des Haager Abkommens und das analoge Genfer Abkommen. — Erinnert man sich der steten und berechtigten Klagen der kaufmännischen Kreise darüber, daß in einzelnen Staaten die unterlassene oder ungenügende Stempelung eines Wechsels oder Schecks die Nichtigkeit dieser Urkunden nach sich zieht, so wird man die oben dargestellte vertragliche Bindung als Errungenschaft von hohem Werte einschätzen.

Schlußbemerkungen.

Felix Mayer, der österr. Berichterstatter der Haager Konferenz über die Scheckrechtfragen, hat in seinem 1912 in der österr. Gerichtszeitung erschienenen Aufsatz „Die Ergebnisse der zweiten internationalen Wechselrechtskonferenz“

das Resultat der Haager Beratungen über das Scheckrecht als „nicht unbefriedigend" bezeichnet.

Anders Klein, dessen im wesentlichen ablehnende Kritik im einleitenden Teile des vorliegenden Berichtes wiedergegeben wurde.

Was den Expertenentwurf anlangt, so gab er von vornherein „Anlaß zu den schlimmsten Befürchtungen".[60]) Man hat diesen Entwurf sogar ein „Zerrbild eines internationalen Gesetzes" genannt, weil er in allen grundlegenden Fragen auf eine einheitliche Lösung verzichtete und mit der Kraft völkerrechtlicher Bindung lediglich die unwesentlichen Teile des Scheckrechtes ausgestattet wissen wollte.[61]) Daß der Expertenentwurf vom Standpunkt des Vereinheitlichungszieles weit hinter dem HE. zurückbleibt, daß er aber auch vom Standpunkt unseres Rechtes nicht annehmbar war, dürfte der vorliegende Bericht an den entsprechenden Stellen gezeigt haben. Gerechte Würdigung der Gesamtarbeit der Experten jedoch wird daran nicht vorübergehen können, daß diese ihr Hauptaugenmerk von vornherein auf die Schaffung tauglicher Kollisionsnormen richteten und daß sie diesen Teil ihrer Aufgabe durchaus befriedigend gelöst haben.

Das Einheitliche Scheckgesetz ist in vielen wesentlichen Punkten zum HE. zurückgekehrt. Nicht nur das; es kommt dem Vereinheitlichungsgedanken zweifellos weit näher als sein Vorbild. Sicher ist in einigen wichtigen Fragen dank der Vorbehalte, die den Landesgesetzgebungen eingeräumt werden mußten, um die Annahme des Abkommens zu ermöglichen, die Rechtseinheit nicht erreicht worden. So in der Frage des Widerrufs und des Widerspruchs gegen die Einlösung des Schecks, ferner der Rechte an der Deckung, des direkten Klagerechtes des Inhabers gegen den Bezogenen, endlich in der Behandlung der trassiert-eigenen Schecks. Bei dem ersterwähnten Fragenkomplex handelt es sich um grundlegende Verschiedenheiten in der nationalen Rechtsauffassung, die auszugleichen zum Teil nicht einmal der Versuch gemacht wurde, weil man von seinem Mißlingen von vornherein überzeugt war. Dies trifft insbesondere zu für alle mit der Provisionslehre mehr oder weniger eng zusammenhängenden Fragen. Nur nebenbei bemerkt ist gerade diese, vielleicht wichtigste Frage auch von der mit Recht gerühmten Haager Wechselordnung offen gelassen worden.

---

60) siehe Quassowski, Das einheitliche Scheckgesetz, S. 393.

61) von Falkenhausen, Das internationale Scheckrecht, im Bankarchiv, 1931, Nr. 16, S. 362.

Man mag angesichts der in diesen Punkten mißlungenen Vereinheitlichung mit Klein (a. a. O. S. 33) gewiß bedauern, „daß einzelne Länder sich noch viel zu sehr mit ihrem Scheckrecht eins fühlen und noch weniger ihm objektiv gegenüberstehen, in anderen wieder das Scheckwesen noch nicht genug seinen inneren Schwerpunkt gefunden hat, als daß Aussicht wäre, durch vorurteilslose Kritik und rationelles Abwägen der verschiedenen scheckrechtlichen Systeme und Institute zu einem von allen nationalen Reflexen abgelösten, universal gleichen Scheckrecht zu gelangen." Andererseits hat gerade Klein (a. a. O. S. 10) betont, man könne von keinem Staat verlangen, daß er sich von einem anderen dessen Gedanken über Gesetzgebung oder über bestimmte Institutionen um jeden Preis aufdrängen lasse. Die Frage ist nun, ob diese Erwägungen dazu zwingen, den Gedanken eines einheitlichen Scheckrechtes überhaupt fallen zu lassen und sich lediglich auf eine Regelung des internationalen Schecks zurückzuziehen, wobei also für die Inlandschecks das nationale Recht weiter in Bestand bliebe, eine Lösung, die für den Bereich des Wechselrechtes schon im Haag erörtert und aus sehr guten Gründen abgelehnt wurde.

Vielleicht hat die vorliegende Darstellung des Genfer Rechtes gezeigt, daß solche Resignation doch nicht am Platze ist. Sicher besteht auch kein Anlaß, wie von Falkenhausen (a. a. O. S. 364) bemerkt, „das Ergebnis der Konferenz mit besonderem Jubel zu begrüßen"; dionysische Gefühle pflegen sich auch sonst Gesetzeswerken gegenüber selten einzustellen. Der internationale Gesetzgeber aber ist einer besonders schweren Lage. Man tadelt ihn, wenn er nicht zu voller Rechtseinheit gelangt. Aber andererseits darf diese Rechtseinheit nie auf Kosten eines der nationalen Rechte gehen! Man darf vielleicht die schüchterne Frage wagen, was die Kritik sagen würde, wenn die Länder der deutsch-österreichischen Rechtsgruppe, um in diesem Punkte die Rechtseinheit zu erzielen, sich zur französischen Provisionslehre, für die man sehr gute Gründe ins Feld führen kann, hätten bekehren lassen? — Immerhin, von Falkenhausen selbst läßt erkennen, es scheine ihm der Mühe wert, aus dem Werk der Konferenz „to make the best of it, in der Hoffnung, daß das Genfer Recht ein, wenn auch kleiner Schritt auf dem Wege zu dem fernen Ziele eines Welthandelsrechtes ist."

Man möge nicht durch seine Einstellung zum Genfer Scheckrecht den leidigen Spruch wieder einmal zur Wahrheit werden lassen, daß das Bessere des Guten Feind ist, und damit die ernsten und redlichen Bemühungen dreier internationaler Konferenzen um ihren Sinn bringen. Daß aber Genf, im Sinne des obigen Wahrspruches, Gutes geleistet hat, wird eine objektive Kritik kaum in Abrede stellen können. Ganz abgesehen von dem ideellen Wert, der jeder, auch unvollkommenen Rechtsvereinheitlichung zukommt, ist in Genf eine Einigung gerade über jene Normen gelungen, die für die Sicherheit des internationalen Scheckverkehrs von allergrößter Bedeutung sind. Es ist nicht eine bloße „Formalisierung von Gleichheiten", wenn die wesentlichen Erfordernisse des Schecks, die Normen über die Personen, die als Scheckempfänger in Betracht kommen, die Übertragung des Schecks, der Kreuzung- und Verrechnungsvermerk, die Vorschriften über Abweichungen in den Angaben der Schecksumme einheitlich gestaltet wurden. Es muß wohl auch als eine nicht geringe Errungenschaft gewertet werden, daß die Normen, die — gerade nach deutscher und österreichischer Auffassung — die Grundpfeiler des scheckrechtlichen Gebäudes bilden, in Genf — wenigstens grundsätzliche — internationale Anerkennung gefunden haben, also abgesehen vom Guthabenerfordernisse die Scheckklausel, die Konzentration des Scheckverkehrs bei den Banken oder doch bankähnlichen Anstalten, die unbedingte Zahlbarkeit bei Sicht, das Annahmeverbot und der Ausschluß des direkten Klagerechtes gegen den Bezogenen. Schon daß durch Verankerung dieser Grundsätze im ESG. ein weiteres Divergieren der nationalen Scheckgesetze verhindert und zugleich der künftigen Entwicklung bestimmte Bahnen vorgeschrieben oder doch zumindest die Wege verschlossen werden, die zur Degenerierung des Schecks führen könnten, darf bei der Beurteilung der Ergebnisse der Genfer Konferenz als beträchtliches Aktivum angesehen werden.

In Ansehung der Normen, welche die Modalitäten der Einlösung des Schecks, den Einfluß des Todes oder der Handlungsunfähigkeit des Ausstellers, ferner der Vorschriften, die zwar — wie der Normenkomplex über das Regreßrecht — vom Standpunkte der Vermeidung nichtiger Schecks weniger bedeutsam, aber bestimmt sind, dem Scheck seine schneidende Schärfe zu wahren, ist weitgehende Rechtseinheit erzielt worden.

Freilich, hält man der Zahl der Artikel des ESG. — es sind 57 — die stattliche Anzahl von 31 Vorbehaltsartikeln entgegen und wählt man das Verhältnis dieser Zahlen zum Gradmesser der erzielten Rechtseinheit, so wird das Urteil ein trübes sein. Allein man hätte bei solcher Methode gezählt, was gewogen sein will. Einige der in der Anlage II enthaltenen Reserven kommen lediglich als Übergangsvorschriften (Art. 1) in Betracht oder sie schaffen, wie Art. 15 und 29, die technischen Voraussetzungen für die Überführung des einheitlichen Rechtes in die nationalen Gesetzgebungen. Andere wieder fallen deshalb kaum ins Gewicht, weil von ihnen höchst spärlicher Gebrauch gemacht werden dürfte. So ist anzunehmen, daß die Reserve des Art. 3 über den subsidiären Zahlungsort nur von Japan in Anspruch genommen werden wird, während sich der Vorbehalte des Art. 7 (Vermerk der Unübertragbarkeit eines Schecks) und des Art. 20 (Unabhängigkeit des Regreßrechtes gegen den Aussteller von der Erhebung des Protestes) lediglich Italien bedienen wird. Art. 12 (Vindikation von Inhaberschecks) dürfte außerhalb Polens, Art. 22 (Notifikation durch den Protestbeamten) außerhalb der baltischen Staaten nicht zur Anwendung kommen. Von der im Artikel 21 gebotenen Möglichkeit, den Protestersatz auszuschließen, dürfte nicht sehr starker Gebrauch gemacht werden. — Die Vorbehalte der Artikel 22 und 24 über den Zinsfuß und die Provision bei Regreßnahme sind ebenso wie der Vorbehalt des Artikel 26 über die Verjährungs- und Hemmungsgründe — sie finden sich übrigens auch im Abkommen über das EWG. — vom Standpunkt des internationalen Verkehrs ziemlich nebensächlich. Dasselbe gilt von der Möglichkeit territorialer Abweichungen in den Modalitäten des Protestes und von den Reserven über die Frage, welche Tage als Feiertage in den einzelnen Ländern zu gelten haben (Art. 27). Es wäre kaum möglich, in den zuletzt erwähnten Beziehungen die Verhältnisse der einzelnen Länder nicht allein ausschlaggebend sein zu lassen. In noch höherem Maße gilt dies von den Vorbehalten der Art. 17 und 28, die den Vertragsstaaten die für ihre Devisenpolitik und zur Linderung territorialer Notstände notwendigen Maßnahmen freistellen.

Der Endzweck aller Bestrebungen nach Rechtsvereinheitlichung auf handelsrechtlichem Gebiete kann nur sein, die Voraussetzungen für die reibungslose Abwicklung des internationalen Verkehrs zu schaffen. Gewiß ist hiezu volle Rechtsgleichheit das idealste Mittel. Dem angestrebten Zwecke kann man aber, solange dieses Mittel nicht anwendbar ist, unter der Voraussetzung sehr nahe kommen, daß klare Kollisionsnormen dort aushelfen, wo die Rechtsgleichheit noch nicht erreichbar ist. Das in Genf zustandegekommene Abkommen über das internationale Scheckprivatrecht stellt diese Voraussetzung her. Die Unsicherheit, unter der die Rechtsanwendung in den einzelnen Ländern infolge der Verschiedenheit der auf diesem Rechtsgebiete nach Geltung ringenden Grundsätze und des

Mangels an positiven Normen leiden mußte, wird beseitigt. Die von den Experten ausgearbeiteten Vorschläge wurden von der Konferenz noch ergänzt, so daß das Genfer Kollisionsrecht aller Voraussicht nach ausreicht, um der Rechtsprechung sichere Wege zur Lösung der Gesetzeskonflikte über praktisch irgendwie bedeutsame Fragen des Scheckrechtes zu weisen. Die Abstellung der meisten Lösungen auf das Recht des Zahlungsortes entspricht dem praktischen Bedürfnisse. Sie ist auch psychologisch richtig, ist es doch der Name der bezogenen Bank, der den Scheck auch äußerlich beherrscht. Diese Regelung dürfte von den Banken, den Konzentrationspunkten des Scheckverkehrs, gewiß als sehr wohltätig empfunden werden.

Ergänzt durch die Kollisionsnormen muß somit dem Genfer Rechte wohl die Eignung zugestanden werden, dem Ziele der Rechtsvereinheitlichung auf scheckrechtlichem Gebiete wirksam dienen zu können.

Offen ist noch die Frage, ob die der nationalen Gesetzgebung durch die Bindung an die Genfer Abkommen auferlegten Opfer nicht unverhältnismäßig groß sind. Man wird sie — es sei in dieser Hinsicht auf die vergleichenden Ausführungen unseres Berichtes verwiesen — wohl verneinen dürfen, ohne durch solche Antwort die unbestreitbaren Vorzüge des österreichischen und der ihm nahestehenden Scheckrechte, seine Originalität und seine logische Durchbildung, irgendwie unterschätzt zu haben. Vom innerstaatlichen Gesichtspunkte besteht für Österreich gewiß nicht der geringste Anlaß zu einer Änderung seines Scheckgesetzes; sie ist auch — bis auf die Frage der Schaffung einer Novelle zur Hintanhaltung der Vordatierung von Schecks — von keiner Seite verlangt worden. Doch darf in diesem Zusammenhang daran erinnert werden, daß Österreich 1909, gerade dem Ziele der Rechtsvereinheitlichung zuliebe, bereit gewesen wäre, im Sinne der Bestrebungen der mitteleuropäischen Wirtschaftsvereine eine Anpassung seines Rechtes an das deutsche und ungarische Scheckgesetz vorzunehmen. Wenn auch die Bedeutung des Schecks am Kontinent nicht so groß ist wie in England, dessen Umlauf an Noten dank seiner strengen Gesetze verhältnismäßig klein ist, so ist doch auch am Kontinent die Funktion des Schecks, besonders für internationale Zahlungen, in stetem Steigen begriffen, so daß die Vereinheitlichung des Scheckrechtes immer erstrebenswerter wird.

Das Genfer Scheckrecht wird umso höheren Wert erlangen, als die erzielte Gesetzeseinheit zur wirklichen Rechtseinheit wird. Kann diese freilich nur durch ein gemeinsames oberstes Gericht vollwirksam gewährleistet werden — es zu schaffen war schon der Traum vom Haag —, so wird doch auch der im Acte final vorgesehene internationale Austausch der grundsätzlich wichtigen Gerichtsentscheidungen diesem Ziele gewiß dienen können. Ebenso die von der Konferenz angeregte, vom Generalsekretariat des Völkerbundes zu veranstaltende Sammlung höchstinstanzlicher Entscheidungen auf wechsel- und scheckrechtlichem Gebiete.

Die österr. Verlustliste ist im Vergleich zum HG. zweifellos kleiner geworden. Dabei fällt von den erlittenen Einbußen die Guthabenklausel am schwersten ins Gewicht;[62]) wie jedoch an entsprechender Stelle schon erwähnt wurde, darf man wohl der Meinung sein, daß sie für Österreich ihre Funktion schon erfüllt hat. — Dafür hat sich das österreichische Recht in der Frage durchgesetzt, welcher Ort als Zahlungsort zu gelten hat, wenn beim Namen des Bezogenen eine Ortsangabe fehlt. — Die Scheckbürgschaft ist — anders für Deutschland; sie hat übrigens auch bei uns praktische Bedeutung nicht erlangt — für Österreich keine Neuerung. Dasselbe gilt von den Regeln über den Einfluß der höheren Gewalt auf die Vornahme scheckrechtlicher Handlungen und vom Blankoscheck. — Gegen die Zulassung von Domizilschecks haben die österreichischen Interessenten Einwendungen nicht erhoben; auch der Kommissionsscheck kann nicht als dem Wesen des Schecks widerstreitend angesehen werden.

Die Zusammenfassung der österreichisch-deutschen und der französischen Rechtsgruppen zu einem einzigen Rechtssysteme, das dem anglo-amerikanischen als gleichwertig gegenübergestellt werden kann, sichert dem in Genf geschaffenen Gesetzgebungswerke seine Bedeutung.

Aber nicht als Abschließung gegen das englische Recht ist die Bildung des kontinentalen Blocks gedacht; sie wird vielmehr bei einer künftigen Konferenz die Einigung[63]) mit den Ländern der anglo-amerikanischen Rechtsgruppe sehr wesentlich erleichtern.

---

[62]) vergl. von Falkenhausen (a. a. O., S. 364).

[63]) Die Einigung vorzubereiten, war z. B. der Zweck der Übernahme der Bestimmungen über Domizil- und Kommissionsschecks und über den subsidiären Zahlungsort; darüber Quassowski, Das einheitliche Scheckgesetz, S. 361.

Druck von Ferdinand Berger in Horn, N.-Ö.

Printed in Austria.

GPSR Compliance

The European Union's (EU) General Product Safety Regulation (GPSR) is a set of rules that requires consumer products to be safe and our obligations to ensure this.

If you have any concerns about our products, you can contact us on ProductSafety@springernature.com

In case Publisher is established outside the EU, the EU authorized representative is:

Springer Nature Customer Service Center GmbH
Europaplatz 3
69115 Heidelberg, Germany

Batch number: 10816188

Printed by Printforce, the Netherlands